GÜTERSLOHER
VERLAGSHAUS

Für unsere
Kinder und Enkelkinder

Horst W. Opaschowski

Das Abraham Prinzip
Wie wir gut und lange leben

Unter Mitarbeit von
Irina Pilawa

Gütersloher Verlagshaus

»Wir müssen in den nächsten 30 Jahren
ganz neu lernen zu altern
oder jeder Einzelne der Gesellschaft
wird finanziell, sozial und seelisch gestraft.«
Frank Schirrmacher
(1959 bis 2014, Publizist, aus »Das Methusalem-Komplott«, 2004, S. 12)

Inhalt

Vorwort 8

1. Das Abraham-Prinzip
»Auf dass es dir wohlergehe
und du lange lebest auf Erden!« 10

2. Am besten mehrere Leben leben?
Die Vision einer langlebigen Gesellschaft 13

3. Von Siebzig auf Hundert
Durchstarten in ein langes Leben 20

4. So geht Langlebigkeit!
Das Leben bejahen, sich jünger fühlen 29

5. Den Geist nicht aufgeben
Geistige Fitness als lebenslange Herausforderung 40

6. Wohlfühlen in der eigenen Haut
Gesundsein als Lebenselixier 45

7. Auf Nummer Sicher gehen
Für finanzielle Absicherung sorgen 54

8. Beziehungsreichtum
Die Familie als beste Lebensversicherung 59

9. Freunde als zweite Familie
Nachbarn als Wahlverwandte 65

10. Zusammenhalt mit Zukunft
Die neue Solidarität der Generationen 71

11. Generation Superior
Leben im Zeitwohlstand 82

12. Länger arbeiten können
Leben ist die Lust zu schaffen 94

13. Zuhause sein im Vertrauten
Selbstbestimmt wohnen bis ins hohe Alter 100

14. Gemeinsam statt einsam
Öfter das Schneckenhaus verlassen 106

15. Gebraucht werden
Wer eine Arbeit hinter sich hat,
soll eine Aufgabe vor sich haben 111

16. Bestzeit

Das Beste aus dem machen,
was man am besten kann   124

17. Lebensunternehmer

Das Leitbild der Zukunft   128

18. Wissen, wofür man lebt

Von der Flucht in die Sinne
zur Suche nach dem Sinn   136

19. Gut leben statt viel haben

Vom Wohlleben zum Wohlergehen   146

»Erfüllt leben«: Wie geht das wirklich?

Das Generationengespräch
zwischen der Tochter Irina Pilawa (44)
und dem Vater Horst Opaschowski (75)   156

Empirische Grundlagen der Studie »Das Abraham-Prinzip«   174

Anmerkungen   180
Stichwortverzeichnis   187

Vorwort

Abraham soll 175 Jahre alt geworden sein. Das ist biblisch überliefert. Im Vergleich zu ihm bin ich mit meinen 75 Jahren geradezu ein Jugendlicher, weil mir hundert Lebensjahre fehlen. Damit Sie es gleich wissen: Ich bin wirklich 75. Mir geht es gut. Und ich bereue nichts – privat nicht und beruflich auch nicht. Ein ganzes Forscherleben lang aber beschäftige ich mich mit den Veränderungen in den Generationenbeziehungen zwischen Jung und Alt.

Schon als 29-Jähriger brandmarkte ich in meiner ersten Buchveröffentlichung den »Jugendkult in der Bundesrepublik« (1970) und kritisierte den Jugendwahn in den Betrieben (»Mit 50 zum alten Eisen«). Mitte der achtziger Jahre (1984) machte ich mir frühzeitig Gedanken über die Folgen der »demografischen Veränderungen« und die wachsende Diskrepanz zwischen dem »subjektiven Sich-alt-Fühlen und dem objektiven Alt-Sein«. Und ich prognostizierte schließlich für die nahe Zukunft: »Wir entwickeln uns zu einer langlebigen Gesellschaft!«

Jetzt sind wir auf dem besten Weg dorthin. Und Mitautorin Irina Pilawa, meine Tochter, bemerkt lakonisch: »Wer kennt schon dein Forscherleben? Viel wichtiger ist doch die Frage: Wo bleiben deine Forschungsergebnisse? Wenn sie nicht als Datenfriedhöfe in den Archiven verstauben sollen, musst du sie auf den Punkt bringen und gebündelt und persönlich bewertet veröffentlichen.« Recht hat sie - wieder einmal.

Denn seit wir gemeinsam vor zwei Jahren ein eigenes Institut für Zukunftsforschung in Hamburg gegründet haben, macht sie sich zur engagierten Anwältin für die nächste Generation, damit auch sie eine lebenswerte Zukunft vor sich hat.

So entstand relativ spontan das Vater-Tochter-Gespräch, das sich in diesem Buch wiederfindet (Seite 156).

Von hier aus war es nicht mehr weit zur Entwicklung und praktischen Umsetzung der Buch-Idee, die meine Tochter mit begleitet hat. Was wir – leicht biblisch erhöht – das »Abraham-Prinzip« nennen, ist nur eine symbolische Umschreibung für das menschliche Streben, ein langes Leben auch zu einem guten Leben werden zu lassen. Wie sagt Irina Pilawa? »Gut und lange leben wollen: Das betrifft doch uns alle – die Enddreißiger in der rush-hour des Lebens genauso wie die Mittfünfziger in der nachelterlichen Lebensphase, von der Generation 65plus ganz zu schweigen.«

Da schließt sich der Lebenskreis. Wir müssen uns nicht neu erfinden, wohl aber ernsthafter über die Qualität eines immer länger werdenden Lebens nachdenken. Eins ist doch klar: Wer gut und lange leben will, sollte nicht den Arzt oder Apotheker fragen, sondern seinen Lebensstil ändern – mental und auch sozial.

1. Das Abraham-Prinzip
»AUF DASS ES DIR WOHLERGEHE UND DU LANGE LEBEST AUF ERDEN ...«

Die Bibel kann uns viel erzählen. Aber hat Abraham je gelebt? Es gibt doch keinen Nachweis für seine Existenz. Warum – um Gottes willen – berufen sich gleich drei Religionen auf ihn: das Judentum, das Christentum und der Islam. Für diese drei nach ihm benannten »abrahamitischen« Religionen ist er ein Stammvater und eine Symbolfigur zugleich.

Abraham gilt als Vorbild für ein gutes und langes Leben.

Im biblischen Gleichnis vom reichen Mann und dem armen Lazarus lässt das Lukas-Evangelium Lazarus am Ende von den Engeln in »Abrahams Schoß«[1] tragen. Johann Sebastian Bach hat diese Symbolik an den Schluss seiner Johannes-Passion gesetzt: »Ach Herr, lass dein lieb' Engelein / Am letzten End' die Seele mein / In Abrahams Schoß tragen.« Selbst in Friedrich Schillers »Wallenstein« wird gefragt: »Wie machen wir's, dass wir kommen in Abrahams Schoß?«

Auch im bekannten Kinderspiel von der goldenen Brücke, in dem sich das gefangene Kind zwischen Himmel und Hölle, für Engel oder Teufel entscheiden muss, spiegelt sich die Vorstellung von Abrahams Schoß wider. Und Seeleute, die in der Mecklenburgischen Bucht einen guten Ankerplatz finden, sagen voller Stolz: »Nu liggen wi as wenn wi in Abrahams Schot liggen.« Das Bild von Abrahams Schoß findet sich in vielen

Sprachen wieder: Im Englischen heißt es »Abrahams bosom«, im Französischen »le Sein d'Abraham« und im Italienischen »il Seno di Abramao«.

Wer in Abrahams Schoß ruht, kann sicher und geborgen leben.

Und wer heute – wie die Große Koalition in Berlin – gar programmatisch über das »gute Leben« in Deutschland nachdenkt, kommt in diesen Krisenzeiten nicht ohne den Hinweis auf Sicherheit und Stabilität des Lebens aus – symbolisiert in den »4F«: Frieden, Freiheit, Freunde und Familie.

Das Abraham-Prinzip gilt als Chiffre für ein erfülltes Leben.

Nach dem Abraham Prinzip leben, heißt im biblischen Sinne: im »Gelobten Land« ankommen! Erst dann bewahrheitet sich das Buch Hiob: »Und er starb - alt und lebenssatt«. Bis dahin aber dominiert der Lebenshunger, damit es sich auch lohnt, so lange zu leben. Die Erfahrung zeigt: Nur wer gut zu leben versteht, kann auch länger leben.

Wir müssen uns nicht ständig neu erfinden, um das lange Leben als Herausforderung und Aufgabe zu begreifen. Bis ins hohe Alter mit Leib und Seele an sich arbeiten und für andere da sein, heißt: abrahamitisch leben und dem Leben einen Sinn geben. Wer aber kann schon erfülltes Leben konkret beschreiben? Davon gibt es doch kein Bild und kein Foto, allenfalls Sinnelemente, die als Ganzes das Mosaik eines guten und langen Lebens zusammenhalten.

> **Wer gut und lange zu leben versteht,
> wird am Ende des Lebens sagen können:
> »Ich habe Abraham gesehen!«**

Erinnern wir uns: Abraham ist mit seinen 175 Jahren in die lange Reihe der Langlebigkeitsmythen[2] einzuordnen – in die
- Zeit vor der Sintflut
  Methusalem (969 Jahre),
  Noah (950), Adam (930),
  Kain (910) und die
- Zeit nach der Sintflut
  Isaak (180), Abraham (175),
  Jakob (147).

Die überlieferten Langlebigkeitsmythen vermitteln den Eindruck eines Goldenen Zeitalters, in dem die Menschen sehr, sehr lange lebten, nie wirklich alt wurden (Genesis 5:9:29) und am Ende sanft entschliefen. Im Vergleich zu Methusalem ist Abraham geradezu im jugendlichen Alter gestorben.

2. Am besten mehrere Leben leben?
DIE VISION EINER
LANGLEBIGEN GESELLSCHAFT

1922, vor einem knappen Jahrhundert, beklagte sich der tschechische Schriftsteller und Erfinder des Wortes »Roboter« (tschechisch »robots«) Karel Capek in seinem Drama »Die Sache Makropulos« (Vec Makropulos) über eine menschliche Unzulänglichkeit: Zu einem Zeitpunkt des Lebens, da wir genügend Erfahrung und Weisheit besitzen, um der Welt und uns selbst das Beste zu geben, lassen unsere körperlichen Kräfte nach und beginnen unsere geistigen Fähigkeiten zu verkümmern.

Die logische Konsequenz für Capek, der Aldous Huxley und George Orwell nahestand, war: »Geben wir jedem 300 Jahre zum Leben. 50 Jahre, um ein Kind und Schüler zu sein. 50 Jahre, um die Welt und wie es in ihr zugeht, verstehen zu lernen. 100 Jahre, um zu arbeiten. Und dann, wenn wir alles begriffen haben, 100 Jahre, um ein weises Leben zu führen, zu lehren und ein Beispiel zu geben. Wie kostbar wäre das Leben, wenn es 300 Jahre dauerte!«[1]. Wären 300 Jahre wirklich ein Segen oder ein Fluch? Käme dann nicht die große Langeweile auf?

Eine Paradoxie des Lebens wartet auf uns: Jedes Jahr nimmt die Lebenserwartung der Deutschen um zwei bis drei Monate zu. Schön und gut?

> **Die meisten Bundesbürger wollen heute schon länger leben – aber nicht zu lange.**

Vor einem biblischen Alter graut vielen. »Möchten Sie 150 Jahre alt werden?« Diese hypothetische Frage des Allensbach Instituts hat die Zahl der Befürworter in den vierzig Jahren zwischen 1964 (55%) und 2004 (Ost: 33% - West: 24%) fast halbiert[2]. Die Deutschen haben keine Angst vor dem Älterwerden – aber »Lust auf Alter« oder gar auf »Langlebigkeit« sieht anders aus. Es ist mehr die Sorge um den möglichen Verlust an Lebensqualität in den letzten Lebensjahren.

Wir »müssen« möglichst frühzeitig durchstarten lernen in ein langes Leben, das fast unausweichlich auf die meisten von uns wartet. Was ist zu tun? Gibt es auch mit hundert Jahren ein erfülltes Leben? Und wenn ja, wie?

Der demografische Wandel spricht eine deutliche Sprache: Eine Altersrevolution kommt auf uns zu. Die Bevölkerung altert dramatisch. Jeder Fünfte (21%) in Deutschland gehört zur Generation 65plus, 2060 wird es jeder Dritte (33%) sein.

Bis zum Jahr 2040 wird sich allein der Anteil der über 60-Jährigen in Deutschland verdoppeln.

Die demografische Revolution bleibt nicht allein auf Deutschland beschränkt. Nach Berechnungen des UN-Bevölkerungsfonds (**UNFPA**) wird die allgemeine Lebenserwartung in den westlichen Industrieländern bis Ende des Jahrhunderts auf 87,5 Jahre (bei Männern) und 92,5 (bei Frauen) steigen. Selbst ein Leben über 100 könnte mit Hilfe der Genforschung Wirklichkeit werden – wenn wir dies denn wollen. Eines kann man sicher voraussagen: bedrückende Aussichten für die arme Erbengeneration, die so lange warten muss ...

Unter allen westlichen Industriegesellschaften weist Deutschland die stärkste Alterung auf. Drastischer Geburtenrückgang und steigende Lebenserwartung bewirken geradezu eine Überalterung der Gesellschaft, die in Zukunft allenfalls durch Einwanderung gestoppt werden kann. Es zeichnen sich zwei Entwicklungen für die Zukunft ab: Deutschland wird Einwanderungsland und/oder Deutschland wird grau. Solange zu wenige Kinder geboren werden und gleichzeitig die Lebenserwartung stetig zunimmt, altert die Gesellschaft als Ganzes.

> **Wir entwickeln uns zu einer langlebigen Gesellschaft. In Zukunft wird Hochaltrigkeit immer wahrscheinlicher.**

Wer hat Angst vor Methusalem? Ein ganzer Forschungszweig droht, seinen Gegenstand zu verlieren. Weil sich die Altersforschung zur Langlebigkeitsforschung wandelt, wird auch eine präzise Definition von »Jungbleiben« und »Älterwerden«, von »Jung« oder »Alt« immer schwieriger. Vielleicht gibt es bald den »alten Menschen« nicht mehr. Der Altersbegriff wird einfach wegdefiniert: objektiv alt, aber subjektiv jung. Bis Anfang siebzig gehört man zu den »Neuen Alten« oder »Jungen Alten«. Alt ist in Zukunft nur noch der, der sich offen dazu bekennt. Nicht mehr über das Alter, sondern über persönliche Lebensbedürfnisse und das soziale Umfeld (z.B. gute medizinische Versorgung, bedienerfreundliche Technik, generationsübergreifende Wohn-, Kultur- und Reiseangebote) wollen die älteren Generationen erreichbar und ansprechbar sein.

Die »Grauen Giganten« kommen. Damit sind die neuen Centenarians gemeint, die über hundert Jahre alt sind. 1965, vor einem halben Jahrhundert, bekamen 225 Hundertjährige in Deutschland ein persönliches Glückwunschschreiben des Bundespräsidenten und einen Scheck über 250 DM überreicht. Diese goldenen Jubiläumszeiten sind längst vorbei. Denn schon zehn Jahre später hatte sich die Zahl der Hundertjährigen auf

716 erhöht. Und seither nimmt die Zahl der Hundertjährigen in Deutschland fast explosionsartig zu (1995: 2.496 – 2015: 5.523). Langlebigkeit wird ein Teil der Normalität.

Um 2030 scheiden die Babyboomer aus dem Erwerbsleben aus. Dreißig Jahre später wird man in Deutschland eine ganze Kleinstadt mit Hundertjährigen füllen können, die körperlich und geistig vitaler sind als jede Generation im gleichen Alter zuvor. Nach der Hundertjährigen-Studie der Universität Heidelberg (Institut für Gerontologie) lebt jeder zweite Hundertjährige autonom im eigenen Haushalt – und regelt auch seine Finanzangelegenheiten selbst. Die Angst vor dem Lebensqualitätsverlust im höheren Alter ist weitgehend unbegründet.

Die zunehmende Langlebigkeit erklärt sich wesentlich aus einschneidenden Veränderungen des Lebensstils vieler Menschen, insbesondere ihrer Ernährungsgewohnheiten in Verbindung mit gesünderen Umweltbedingungen und Fortschritten der Medizin.

Noch nie haben so viele Menschen in Deutschland und der westlichen Welt ein so hohes Alter erreicht.

Und ein noch längeres Leben wartet auf sie. Müssen wir bald unsere Kinder darauf vorbereiten, dass sie hundert Jahre alt werden können und nicht aufhören dürfen, sich weiterzuentwickeln und weiterzulernen? Und ist dann die provokative Forderung aus dem George-Orwell-Jahr »1984« nicht bald politische Wirklichkeit: »Schafft den Ruhestand ab!«[3]? Wer wird sich in Zukunft schon mit 63, 65 oder 70 Jahren einfach stilllegen lassen wie einen alten Hochofen, wenn noch dreißig Lebensjahre auf ihn warten? Und gleichen dann nicht viele langlebige Menschen einer alten Bibel, die so zerlesen ist, dass beim Umblättern einige Seiten wegbrechen, aber der Inhalt nicht veraltet ist, weil die Aussagen »taufrisch« bleiben[4]? Sind alte Menschen alten Büchern vergleichbar, die im Laufe der Jahre zerlesen und zerbrechlich werden, aber immer noch lesens- und lebenswert sind?

Trotz verminderter Gehgeschwindigkeit und mancher Knieprobleme bleiben alte Menschen länger gesund und sind seltener krank. Die medizinische Forschung weist nach: Ein Teil unseres Körpers, die DNA, altert nicht: »In der DNA ist der genetische Code für unser Leben festgelegt. Kopien unserer DNA bleiben in unseren Nachkommen erhalten, der Code degeneriert also nicht«[5].

Langlebigkeitsgene (»Gerontogene«) entscheiden mit darüber (allerdings nicht allein), wie alt wir werden.

Die Alternsforschung über Hundertjährige (sogenannte »Centenarians«) und langlebige Familien weist nach, dass auch ihre Nachkommen überdurchschnittlich lange leben.

Die Deutschen leben immer länger. Seit 2006 hat sich die Lebenserwartung um zweieinviertel Jahre erhöht – Tendenz weiter steigend. Neugeborene Jungen haben eine Lebenserwartung von 78 Jahren und zwei Monaten vor sich, Mädchen 83 Jahre und einen Monat.

Innerhalb der letzten hundert Jahre hat sich unsere Lebenserwartung von vierzig auf achtzig Jahre verdoppelt. Ein Ende dieser Entwicklung ist nicht absehbar. Die Lebenserwartung der Deutschen nimmt jedes Jahr um zwei bis drei Monate zu (z.Zt. 2,76 Monate pro Jahr). Die medizinische Alternsforschung[6] prognostiziert daher für die nahe Zukunft:

**Alle zwei Wochen verlängert sich
unser Leben um ein langes Wochenende.**

Die Millennials, die um 2000 Geborenen, können mit jedem Jahrzehnt mindestens zwei bis drei Jahre älter werden als ihre Elterngeneration und lange leben – wenn sie gut und maßvoll zu leben verstehen.

In der Mitte des Lebens machen sich viele Menschen Gedanken über die zweite Lebenshälfte. Die wichtigste Erwartung lautet: endlich Muße. Bei den antizipierten Vorteilen dominieren zwei Bereiche: der Genuss der neuen Freiheit (frei von Verpflichtungen sein, selbst bestimmen, was man tun will, keine Rücksicht mehr nehmen müssen) und die Ruhe (kein Stress, keine Hektik, keine Termine mehr und endlich Zeit für sich selbst haben). Besonders der Aspekt viel Zeit wird anschaulich ausformuliert, wobei in den Schilderungen Begriffe wie »unbegrenzt«, »ausgiebig« und »endlos« fallen. Hier deutet sich ein starkes Bedürfnis nach Erholung und Entspannung an – nach einem offensichtlich immer belastender werdenden Berufsleben. Aktive Aspekte (z.B. die Vorfreude auf bestimmte Unternehmungen) fehlen in dieser Vorausschau.

**Die primäre Erwartungshaltung der
Mittvierziger: Ausruhen vom Arbeitsleben
und viel Zeit und Muße haben.**

Was sie nachher konkret mit dieser Zeit anfangen wollen, darüber machen sie sich vorher wenig Gedanken. Sie haben nur den einen Vorsatz, sich zu bemühen, ihr Leben möglichst »sinnvoll zu gestalten«.

Die zweite Erwartungshaltung lautet: einfach nachholen. Man will das nachholen oder intensivieren, wozu man bisher aus Zeitmangel nicht oder nicht ausgiebig genug kam. Man denkt hier vor allem an Lektüre jeder Art: »Die Zeitung von vorne bis hinten lesen« oder »mal wieder ein gutes Buch lesen«. Auch dem Garten will man sich mehr widmen als bisher, häufiger spazieren gehen und natürlich viel Reisen und Ausflüge machen. Bei den Mittvierzigern ist eine starke Tendenz erkennbar, den kommenden Wechsel und die damit verbundenen Konsequenzen von sich wegzuschieben. Die Folge ist eine Ausweichreaktion nach dem Motto: »Kommt Zeit, kommt Rat«.

Langlebigkeit ist nur gut, wenn auch die Lebensqualität gut ist.

Die langlebigste Gesellschaft aller Zeiten kommt auf uns zu. Der »Jugendkult«[7] des 20. Jahrhunderts ist Geschichte. Und Lebensfreude und Lebensfreunde gibt es auch im hohen Alter. Wer lange »lebenshungrig« zu leben versteht, wird sich nach dem Abraham-Prinzip am Ende des Lebens »alt und lebenssatt«, d.h. zufrieden für immer von der Bühne des Lebens verabschieden können.

Von den heute geborenen Deutschen wird 100 Jahre später noch die Hälfte am Leben sein.

Daraus ergeben sich folgende Fragestellungen: Wie kann sichergestellt werden, dass ein langes Leben auch ein »gutes Leben« wird – materiell und mental, physisch und sozial? Was müssen Eltern heute tun, um die nächste Generation darauf vorzubereiten, sehr alt zu werden? Und werden wir uns nicht alle spätestens in der Mitte des Lebens die Frage stellen müssen: Beruf, Familie – und was dann?

3. Von Siebzig auf Hundert!
DURCHSTARTEN IN EIN LANGES LEBEN

Früher galt eine Frau mit vierzig Jahren als Matrone, nannte sich Calvin mit fünfzig Jahren einen alten, verbrauchten Mann und dankte Karl V. mit 55 Jahren restlos erschöpft als Greis ab. Heute werden wir immer älter, wollen auch gut und lange leben – aber möglichst nicht alt sein.

> **Eine Agenda zur Vorbereitung auf ein langes Leben gibt es bisher noch nicht.**

Seit 1855 hat sich die Lebenserwartung der Deutschen von 37 Jahren auf 81 Jahre mehr als verdoppelt. Und eine immer längere Lebenszeit steht uns bevor. Dieses als Gesellschaft des langen Lebens bezeichnete Phänomen wird zur großen Herausforderung für jeden Einzelnen. Die Fortschritte in Medizin, Ernährung und Versorgung der Menschen zwingen zu Veränderungen in der individuellen Lebensplanung sowie im gesellschaftlichen Zusammenleben.

Doch: Wie und mit welcher Lebensqualität wird man eigentlich 100 Jahre alt? Diese Frage habe ich mir vor drei Jahren gestellt, als sich die Schwester meiner Mutter und die Patentante meiner Frau im Alter von jeweils über hundert Jahren nach einem langen erfüllten Leben für immer verabschiedeten. Beide wirkten zeitlebens zufrieden und glücklich. Beide hatten entbehrungsreiche Kriegs- und Nachkriegsjahre überlebt. Und beide meisterten ihr Leben trotz schwerer persönlicher Schicksalsschläge. Ihr Lebenselixier?

Bescheiden in den Ansprüchen, beständig in der Sorge für andere und beschäftigt rund um die Uhr.

Beide waren ein Leben lang aktiv – und hatten doch immer Zeit. Alma, die Schwester meiner Mutter, wuchs während des 1. Weltkriegs unter ärmsten Verhältnissen auf: Statt Brot gab es Kohlrüben. Und am Ende des 2. Weltkriegs reihte sie sich ein in die Masse der Flüchtlinge von Beuthen in Oberschlesien bis nach Bernburg an der Saale. Es war eine »Flucht mit tausend Ängsten«. Ein Jahr nach der Hochzeit erlitt sie die erste Fehlgeburt. Ihr einziges Kind, das wenige Jahre später geboren wurde, starb im Alter von 28 Jahren an einem Gehirntumor: »Das war das Schlimmste in meinem Leben«. Fortan setzte sie ihre ganze Hoffnung auf die Beziehung zu ihrem Mann: »Einer musste den anderen halten«. Und beide versuchten gemeinsam, »dem Leben Sinn und Frohsinn zu geben«. Sie suchten und fanden schließlich ein Patenkind in der Nachbarschaft. »Die schönen Stunden mit ihm heilten unsere Wunden«.

In den folgenden Jahrzehnten versöhnten sie sich mit dem Leben. Sie fanden Erfüllung in ihren Beziehungen – in der Partnerschaft, dem Freundeskreis und der Nachbarschaft. Das war »ihre« neue Wahl- und Großfamilie, die sich gegenseitig half und unterstützte. Sie wohnten bescheiden in einem DDR-Plattenbau ohne Bad und Balkon – und vermissten nichts. Und als Alma 99 Jahre alt wurde, konnte sie aus dem 2. Stock wegen ihrer Kniebeschwerden die Wohnung nicht mehr verlassen. Kein Grund zur Resignation: »Wenn ich Sonne haben will, öffne ich das Fenster und mache meine Gymnastik«. Ansonsten wirkte sie fröhlich und ausgeglichen, bescheiden und fast demütig. Ihr Wahlspruch des Lebens lautete:

**Was ich brauche, das habe ich.
Was ich nicht habe, brauch ich nicht.**

Mit dieser Lebenseinstellung war bei ihr geradezu Langlebigkeit vorprogrammiert – ganz im Gegensatz zum Szenespruch der Jugend aus der Nach-68er Zeit: »Was ich habe, das will ich nicht. Was ich will, das kriege ich nicht.« Was wir aus diesem Lebensentwurf einer Hundertjährigen lernen können? Auch in einem entbehrungsreichen Leben können wir Glück empfinden und Zufriedenheit finden.

Diese Vorstellung erinnert an das Bild des französischen Schriftstellers Albert Camus, der die philosophische Frage stellte, ob sich das Leben als Sisyphusarbeit überhaupt lohnt[1]. Können wir uns Sisyphus, der dazu verurteilt ist, ständig den Stein den Berg hinauf zu rollen, nicht auch als glücklichen Menschen vorstellen? Getrieben von dem Wunsch, genau das tun zu wollen, wozu er eigentlich verurteilt ist? Sisyphus hätte dann ein Ziel im Leben. Das wäre geradezu ein mentaler Optimismus, der im Kopf beginnt – in der Bereitschaft und Fähigkeit, das Wünschbare offensiv anzugehen. Wohlwissend, dass das Leben nicht nur eine Aneinanderreihung von guten Nachrichten sein kann. Das Alma-Beispiel zeigt:

Langlebige spielen nicht sich und anderen etwas vor. Sie arrangieren sich und resignieren nicht.

Das Arrangement gibt persönliche Stabilität in einem krisenreichen Leben. Es ist mehr das kleine Glück, das gewonnen und bewahrt werden soll. Damit verbunden ist der Vorsatz »Ich möchte so weiterleben wie bisher.« Und die Einstellung »Was ich brauche, das habe ich!« erhält Vitalität und Lebensfreude.

Die zweite konkrete Antwort auf die Frage »Wie wird man 100 Jahre alt?« bezieht sich auf das Leben der Patentante »Godel«, die 103 Jahre alt wurde. Ich habe sie nur unter diesem Namen kennengelernt. Mit dieser Bezeichnung ist ein alter Brauch verbunden, nach dem bei der Taufe eines Mädchens die »Godel« (bei einem Jungen der »Pate«) den Täufling in der Kirche über das Taufbecken hält. Damit ist zugleich die soziale Verpflichtung verbunden, für das Kind zu sorgen und es notfalls auch großzuziehen, falls den Eltern etwas zustoßen sollte.

Godel war die Patentante meiner Frau, die als armes Flüchtlingskind am Ende des 2. Weltkriegs mit ihrer Schwester und ihrer verwitweten Mutter mittellos in einem hessischen Dorf untergebracht wurde. Die Eltern und Großeltern hatten nach der Flucht aus Schlesien alles verloren, aber hier eine neue soziale Heimat gefunden. Die Mutter versorgte die kleinen Kinder mit dem Notdürftigsten, so dass sie weder hungern noch frieren mussten.

Die Godel hatte ihren Mann im Krieg verloren. Ihre drei Kinder sind alle nach der Geburt gestorben. Sie litt unter einer Blutgruppen-Unverträglichkeit (Rhesus-Inkompatibilität), die damals medizinisch nicht erkannt wurde. So war sie, unter einfachsten Verhältnissen lebend, auf sich allein gestellt und lebte nach dem Prinzip:

Hart arbeiten, um zu überleben – aber immer auch für andere da sein.

Auf dem Dorf half sie bei Geburten und Geburtstagen, Konfirmationen und Beerdigungen. Selbst eine kleine Dorf-Kapelle wurde unter ihrer Obhut und Pflege wiederhergestellt, so dass gelegentliche Gottesdienste vor Ort möglich waren. Religiosität und Mitmenschlichkeit gehörten zu ihrer Natur. Im Gottesglauben war sie tief verwurzelt, aber nicht unterwürfig. Zum 103. Geburtstag rief sie mir mit dem Blick nach oben zu: »Lieber Gott, nun reicht's langsam. Genug ist genug!«

War sie irgendwo zu Besuch, holte sie als erstes die Arbeitsschürze aus ihrer Tasche. Leben war für sie gleichbedeutend mit der Freude am Tun und mit der Sorge für andere. Sie war immer in Bewegung. Und wenn sie nicht mit fast achtzig Jahren vom Kirschbaum gefallen wäre, was ihren Aktivitätsdrang unfreiwillig einschränkte, hätte sie wohl noch ein paar Jahre länger leben können ...

Wenn die Frage »Wie wird man 100 Jahre alt?« einer überzeugenden Antwort bedarf, dann ist die Godel der vitale Beweis dafür. Die aus der internationalen Forschung bekannte Erfahrung »Caretakers live longer«[2] findet hier ihre Bestätigung:

> **Wer sich um andere sorgt, lebt länger.**
> **Wer sich nicht sozial verhält, setzt sein Leben aufs Spiel.**

Die intensive Pflege sozialer Beziehungen steigert nachweislich unsere Lebenserwartung. Familie ist sicher nicht alles, aber ohne Familie ist alles nichts. Die Familie kann auch eine Wahlfamilie oder Wahlverwandtschaft, ein Freundeskreis, eine Nachbarschaft oder eine Patenschaft fürs Leben sein.

Die Godel hat sich nicht nur um meine Frau, als sie Flüchtlingskind war, gesorgt – sie wurde auch von ihr im hohen Alter umsorgt. Beide sind so Godel oder Patin füreinander gewesen. Eine soziale Bindung für das ganze Leben zwischen Verpflichtung und Verantwortung, gewachsen und nicht verordnet. In der künftigen Gesellschaft des langen Lebens werden solche sozialen Konvois des Gebens und Nehmens zu unentbehrlichen Begleitern – die da sind, wenn man sie braucht, die unaufgefordert ihre Arbeitsschürze herausholen und Halt und Hilfe geben – vom Taufbecken bis zur Rollstuhlausfahrt.

In diesem Kreis der Hundertjährigen muss ich als 75-Jähriger wie ein Jugendlicher wirken, dem 25 Jahre Lebenserfahrung fehlen. Und doch habe auch ich eine ganz persönliche Beziehung zum Thema: Leben ist für mich die Lust zu schaffen. Schaffensfreude ist mein Lebenscredo – in welcher Rolle auch immer: Als Pate eines Mehrgenerationenhauses und Initiator einer Helferbörse in Hamburg, als Ehepartner, Vater und Großvater, aber auch als verantwortlicher Zukunftsforscher und Publizist.

»Wie heißt das einzige Lebewesen, das zuerst auf vier, dann auf zwei und zuletzt auf drei Beinen läuft?«, ließ die Sphinx die Reisenden fragen, die auf dem Weg nach Theben waren. Ödipus löste das Rätsel: Das Kind kriecht auf Händen und Füßen, der Erwachsene geht aufrecht, und der Greis nimmt den Stock zu Hilfe. Seither ist die Dreiteilung des Lebens fast schicksalhaft ›festgeschrieben‹. Doch die Dreiteilung des Lebens in Ausbildung, Beruf und Ruhestand stimmt so nicht mehr.

Traditionell bezeichnet man als Generation den Altersabstand zwischen den Geburtsjahren der Eltern und deren Kindern, der bei etwa 25 bis 30 Jahren liegt. In fast allen Industriegesellschaften mit ihren Strukturmerkmalen von Dynamik und Mobilität hat sich jedoch der Generationsbegriff gewandelt. Der quantitative Zeitbegriff reicht zur Beschreibung qualitativer Veränderungen in relativ kurzen Zeitabständen nicht mehr aus.

Die Verlängerung der Ausbildungsphase in der Jugend, die veränderten Anforderungen an die Erwerbstätigen in der Arbeitswelt, der Anstieg der Lebenserwartung und der gesellschaftliche Wertewandel erfordern einen neuen Generationsbegriff, der nicht nur eine Gruppe von Gleichaltrigen beschreibt, sondern auch gemeinsame Lebenssituationen, Ereignisse, Schicksale, Lebensinteressen und Lebensstile charakterisiert.

Unter qualitativen Aspekten können die Abstände zwischen den Generationen ebenso dreißig wie zwanzig oder fünfzehn Jahre betragen. Selbst fünfzehn Jahre können manchmal beträchtlich sein, wenn man beispielsweise den Zeitabstand zwischen der »68-er Generation«, der Generation der 80-er oder der »Generation X« und »Generation Y« sieht. Traditionell ging man von einer Dreigenerationengesellschaft und Dreiteilung des Lebens in

- Ausbildung für den Jugendlichen,
- Berufsarbeit für den Erwachsenen,
- Ruhestand für den alten Menschen

aus. Doch die derzeitigen dynamischen Veränderungen in der Generationenfolge kann man mit dem starren Modell der Dreiteilung des Lebens nicht mehr voll erfassen.

Aus dem dritten Lebensalter entwickeln sich neue Altersgruppen: Jungsenioren, Senioren und Langlebige.

Die technologische und soziale Entwicklung setzt die griechische Mythologie von der Trias des Lebens außer Kraft. Die Übergänge und Grenzen zwischen den einzelnen Lebensphasen werden fließender, weniger starr.

Das Faktum der immer älter werdenden Gesellschaft ist historisch neu. Die Fortschritte in Medizin, Ernährung und Versorgung der Menschen führen zu Veränderungen in der individuellen Lebensplanung und im gesellschaftlichen Zusammenleben. Heute sind Pest, Hunger und existentielle Sorgen zum Überleben weitgehend überwunden. Ab in die Hilflosigkeit und

Hilfsbedürftigkeit? Das Defizitmodell der älteren Generation ist längst überholt.

> **Das Leben gleicht einer Gewinnchance: 97 Prozent ihrer Lebenszeit verbringen die Deutschen pflegefrei.**

Trotz höherer Lebenserwartung nimmt die pflegefreie Lebenszeit weiter zu – und nicht etwa ab. Von 1999 bis 2009 stieg beispielsweise die Lebenserwartung der Deutschen von 77,95 auf 80,18 Jahre. Im gleichen Zeitraum nahm die Lebensdauer ohne Pflege von 75,79 auf 77,65 Jahre zu. Inzwischen (2016) beträgt die Lebenserwartung 78,13 Jahre bei den Männern und 83,05 Jahre bei den Frauen. Ein weiterer Anstieg der pflegefreien Zeit ist zu erwarten.

> **Drei Viertel der Generation 65plus fühlen sich fit und gesund.**

95 Prozent der Generation 65plus leben selbstbestimmt in der eigenen Wohnung, nur knapp fünf Prozent (708.000) in Alters- und Pflegeheimen. Die Pflegebedürftigkeit wird in Deutschland vielfach überschätzt. Bei den 75- bis 79-Jährigen liegt der Anteil der Pflegebedürftigen gerade einmal bei acht Prozent. Und zwei Drittel der Pflegebedürftigen (67%) wohnen noch in eigenen Wohnungen. Auch die meisten 90-Jährigen (54,59%) leben noch zu Hause.

Die Angst vor der Gleichsetzung von Alter und Pflegebedürftigkeit ist unbegründet. Der Gewinn an Lebensjahren geht nicht mit einer Zunahme an Hilfs- und Pflegebedürftigkeit einher: Nachweislich bleibt der 97%-Anteil beschwerdefreien Lebens selbst dann erhalten, wenn die durchschnittliche

Lebenserwartung um Jahre oder gar Jahrzehnte übertroffen wird. Was bedeuten schon 3%-Restrisiko innerhalb eines langen Lebens von siebzig bis hundert Jahren? Die Heidelberger Hundertjährigen-Studien weisen zudem im Zeitvergleich der letzten Jahre höhere funktionale und kognitive Kapazitäten der Hundertjährigen nach[3].

Der demografische Wandel wird zum sozialen Fortschritt: Das Leben im Alter wird immer lebenswerter.

Mitte der achtziger Jahre kündigte ich für die Zukunft die Entstehung einer »langlebigen Gesellschaft« an – mit der Konsequenz: »Der Anstieg der Lebenserwartung erfordert einen neuen Generationsbegriff«[4]. Die Folge wird am Ende eine »alterslose Gesellschaft«[5] sein.

Jetzt, Jahrzehnte später, muss die moderne Sozialforschung 2016 nach der Befragung von über 3000 Deutschen überrascht feststellen: Eine »generationslose Gesellschaft« ist entstanden. Signifikante Unterschiede zwischen Jung und Alt gibt es kaum mehr. Die Deutschen unterscheiden sich eher nach sozialen Klassen und weniger nach ihrem Alter. Kurz: Die Jungen sind wie die Alten und »die Alten ticken wie die Jungen«[6]. Die Jugend verschwindet und das Alter tendenziell auch. Mit dem permanenten Anstieg der Lebenserwartung bekommt die bundesdeutsche Gesellschaft ein zunehmend alterloses Gesicht. Immer mehr leben immer länger. Und die offene Frage ist nur noch, ob es sich auch wirklich »lohnt«, so lange zu leben. Die abrahamitische Formel vom langen »und« guten Leben ist aktueller denn je.

4. So geht Langlebigkeit!
DAS LEBEN BEJAHEN, SICH JÜNGER FÜHLEN

Wir schreiben das Jahr 1464. In Venedig wird zu Zeiten der Renaissance der Adlige Luigi Coronaro geboren. 37 Jahre lang führt er ein ausschweifendes Leben, bis seine Gesundheit so angegriffen ist, dass er beschließt, fortan sein Leben grundlegend zu ändern, also maßvoller, genügsamer und bescheidener weiterzuleben und auch die Nahrungsmenge einzuschränken. Auf diese Weise wird sein Kopf wieder frei für geistige Genüsse. Am Ende wird er hundertjährig und schreibt eine der berühmtesten Autobiografien seiner Zeit unter dem Titel »Discorsi della vita sobria«: Diskurs über das maßvolle Leben[1]. In seinem Traktat lobt er das Glück seines Alters: Er könne laufen, reiten, jagen und singen, habe Kontakt zu anregenden Freunden und reise viel.

Alternsforscher haben seither daraus hergeleitet, man könne lange leben, wenn man sich nur bescheide und wie beim Fasten öfter hungere. Die Vielzahl kalorienarmer Diäten in der heutigen Zeit haben hier ihre Wurzeln.

Vor dreihundert Jahren hat nicht einmal die Hälfte der Geborenen das Erwachsenenalter erreicht.

Und selbst die Erwachsenen waren ihrer Existenz nie sicher. Im 21. Jahrhundert hingegen sind grundlegende Neuerungen in der Lebenssituation der älteren Generation feststellbar[2]:

- Erstmals in der Geschichte der Menschheit ist eine verlässliche Lebensplanung möglich. Fast alle Menschen in Mitteleuropa können die kalendarische Altersgrenze erreichen.
- Wer heute ein bestimmtes Alter erreicht bzw. überschritten hat, »muss« aus dem Erwerbsleben ausscheiden. Die Erwerbsphase mündet automatisch in die Nacherwerbsphase.
- Die Nacherwerbsphase spaltet sich in drei deutlich voneinander abgrenzbare Lebensabschnitte (50plus – 65plus – 80plus) auf.
- Die vierte Neuerung besteht in einer Problematisierung der Altersversorgung.

Wie nie zuvor in der Geschichte der Menschheit können wir mit einem langen Leben »rechnen«.

Also lohnt es sich auch, in dieses lange Leben in jeder nur möglichen Weise (geistig, psychisch, physisch, sozial) zu »investieren«. Jede frühzeitige Initiative in dieser Richtung erweist sich als eine Investition in die Zukunft, d.h. in die Lebensqualität bis ins hohe Alter. Dies setzt ein Lebenskonzept voraus, bei dem von früher Jugend an neben körperlichen auch geistige und kulturelle Interessen geweckt und kontinuierlich vertieft werden.

Der Langlebemensch der Zukunft stirbt nicht so schnell. Jungsein und Altsein müssen neu definiert werden. Wird es im Deutschland 2050 schon bald heißen? »Hinterm Friedhof leben zwei junge Familien. Na ja, 60 sind die auch schon ...« In drei Jahrzehnten ist jeder dritte Bundesbürger über sechzig Jahre alt. Wer dann dieses Alter erreicht, wird – relativ gesehen – genauso alt wie ein Zwanzigjähriger vor zweihundert Jahren sein: Beide haben eine Lebenserwartung von etwa zwanzig Jahren vor sich.

Ist man in Zukunft jung, noch jung – oder schon ein Pflegefall? Die ultimative Begründung für diese Lebensphilosophie lieferte Michail Gorbatschow: Er meinte, dass man sich als älterer Mann gerade mal in der Mitte des Lebens befinde. Frauen seien da nicht in so einer beneidenswerten Situation. In Russland werde das Leben einer Frau so beschrieben: »Ein Mädchen – ein junges Mädchen – eine junge Frau – eine junge Frau – eine junge Frau – und schließlich: die Alte ist gestorben. Nastrowje!« Dazwischen gibt es nichts. Forever young – oder schon tot. Der Konsum fungiert dabei als ewiger Jungbrunnen. Und Picasso soll einmal auf die Frage nach seinem Alter geantwortet haben: »Ich habe kein Alter!«

Die Zukunft gehört nicht einer alternden Bevölkerung, sondern einer Gesellschaft des langen Lebens. Statt vom Alter wird bald mehr von Langlebigkeit die Rede sein, von kürzeren oder längeren Lebensphasen und von der Zugehörigkeit zu einer bestimmten Generation, in der die Lebensmitte und nicht mehr das trennende Jung-Alt-Schema das Koordinatensystem des Lebens bestimmt. Infolgedessen gehört auch dem Wohnen und Leben in Mehr-Generationen-Häusern und Wohnquartieren die Zukunft einer Drei- bis Vier-Generationen-Gesellschaft.

Die Lebensmitte wird zum Orientierungsmaßstab: Eine neue Qualität des Älterwerdens entsteht.

Es dominiert zunehmend der Blick zur Mitte des Lebens. Die aktuellen Sorgen um Ausbildungsplatz, Familiengründung und den Platz in der Gesellschaft verschieben die »schönste« Phase auf die Mitte des Lebens. Dies wird noch durch den demografischen Wandel verstärkt. Denn die ständig steigende Lebenserwartung verändert zwangsläufig auch die Einstellung zum Sich-jung-Fühlen.

Das gefühlte Alter koppelt sich immer mehr vom biologischen Alter ab.

Und die »Man-ist-so-alt-wie-man-sich-fühlt«-Einstellung soll die Mitte des Lebens möglichst lange festhalten. Das Lied »Ich möchte noch mal zwanzig sein ...« müsste neu getextet werden. Treffender müsste es heißen: »Vierzig ist fabelhaft« – mit 40 fängt das Genießen des Lebens erst richtig an. Das Leben im mittleren Alter markiert die Ideallinie des Lebens. Bisher hieß es: »Forever young«. Fortan gilt: »Forever fourty«. Gefühltes Alter 40 – und das dann ein Leben lang. Die Gesundheits-, Schönheits- und Kosmetikindustrie wird umdenken müssen.

Offizielle Altersgrenze?
Die steht bald nur noch auf dem Papier.

Das Leben im Alter bekommt eine neue Lebensqualität und wird zur großen persönlichen Herausforderung, wenn man sie als Zukunftschance zu nutzen weiß. Diesen Herausforderungen muss man sich stellen, wenn man leben und nicht gelebt werden will. Das Leben im Alter gleicht sicher keinem paradiesischen Traum. Aber träumen muss man auch dann noch können, sonst ist man vorzeitig alt oder verschläft sein Leben. Die Altersträume von Menschen wirken wie ein Lebenselixier und stärken das Prinzip Hoffnung, nicht umsonst gelebt zu haben.

Frauen und Männer erleben und empfinden das Alter ganz unterschiedlich:
- Aufgrund der höheren Lebenserwartung haben die Frauen im Alter mehr Angst vor dem Allein- und Einsamsein, be-

fürchten einen Verlust an Selbstständigkeit und sehen sich deutlich mehr als Männer in der Rolle von Hilfsbedürftigen. Andererseits sind sie lebensbejahender eingestellt und begreifen die nachberufliche Lebensphase als neuen Lebensabschnitt. Sie resignieren nicht, sondern nehmen diese Herausforderung aktiv an.
- Männer machen im Alter die negative Erfahrung, weniger wichtig zu sein, nicht mehr gebraucht zu werden oder sich gar nutzlos zu fühlen. Andererseits genießen sie ihren »Ruhe«stand mehr und freuen sich darüber, nicht mehr arbeiten zu müssen.

Für beide Geschlechter ist das Alter Problem und Chance zugleich. Entsprechend unterschiedlich sind ihre Reaktionsweisen. Männer neigen mehr dazu, nach Ersatz-Arbeiten Ausschau zu halten. Sie entdecken ihre Hobbies neu oder werden Do-it-Yourselfer rund um die Uhr. Einige nehmen zur Selbstbetätigung und Selbstbestätigung einen Nebenjob an. Bei den weiblichen Aktivitäten im Alter spielen kompensatorische oder materielle Erwägungen eine geringere Rolle. Sie konzentrieren sich eher auf eine dreifache Lebensaufgabe: erstens die familiären Bindungen erhalten, zweitens die Freundes- und Nachbarschaftskontakte pflegen und drittens für andere (z.B. ehrenamtlich) da und tätig sein.

Mit dem Ende der Erwerbsarbeit ist die Lebensarbeit nicht zu Ende.

So gesehen ergänzen sich beide – solange sie zusammenleben. Bei Partnerverlust aber werden die Frauen weiterhin durch ihr soziales Beziehungsnetz gestützt, während die Männer mehr allein und alleingelassen im Hobbykeller vor sich hin

›werkeln‹ ... Auf ein Leben ohne Erwerbsarbeit sind sie offensichtlich weniger gut vorbereitet, während für viele Frauen mit dem Ende der Erwerbsarbeit die intensive Pflege der Familien- und Freundesbeziehungen und das Für-andere-da-Sein für einige erst richtig beginnt.

Das positive Denken gehört zum Menschen wie der aufrechte Gang. Ohne positives Denken, ohne Hoffnungen und Träume kann der Mensch – das einzige Wesen, das die Unausweichlichkeit seines Verfalls und Todes kennt – nicht leben, ohne von dem Gedanken daran erdrückt zu werden. Mit der Entwicklungsgeschichte der Menschheit ist von Anfang an das ›Prinzip Hoffnung‹[3] verbunden, das Wunschdenken, der Glaube an ein besseres Leben – auch und gerade in krisenhaften Zeiten. Wenn das Leben in Gefahr ist oder die Lebensqualität spürbar schlechter wird, setzt der menschliche Wille zum Leben ein: der Kampf ums Überleben, der Abschluss einer Lebensversicherung, die Teilnahme am Glücksspiel, die Begeisterung für eine neue Idee oder Religion, die Hoffnung auf Gesundheit, die Zuversicht, das gute Gefühl und der positive Glaube daran, dass es besser wird.

Im biblisch-lutherischen Sinne noch am Vorabend des Weltuntergangs einen Baum pflanzen, ist bildhafter Ausdruck des positiven Impulses im Menschen. Auch hochaltrige Menschen haben Zukunftserwartungen, die sie als erwünscht, vorteilhaft oder genussvoll empfinden.

> **Solange wir uns eine gute Zukunft ausmalen können, ist unser Lebenswille ungebrochen.**

Ein positives Lebensgefühl erweist sich als die beste Lebensversicherung. Die ›positive Brille‹ ist die wirksamste Medizin zur Lebensverlängerung, wie aus Studien zur Lebenslaufforschung hervorgeht. Ältere Menschen, die schon bei den ersten Untersuchungen über Langeweile und Einsamkeit klagten, starben als erste. Eine positive Einstellung zum Leben geht erfahrungsgemäß mit größerer Selbstsicherheit einher. Entsprechend gering ist die Anfälligkeit für Depressionen[4]. Selbst mit schwierigen oder unangenehmen Situationen haben positiv Gestimmte weniger Probleme. Sie beherrschen Lebenstechniken, die eine aktive Auseinandersetzung mit Problemsituationen (z.B. Partnerverlust, Pensionierung, Ausbruch einer Krankheit) begünstigen.

Meist handelt es sich um Personen, die von Kindheit an ein positives Selbsterleben haben oder in einer solchen Atmosphäre aufgewachsen sind.

Elternhaus, Erziehung und Bildung sind die Garanten für eine positive Einstellung zum Leben.

Sie sind die beste Vorbereitung auf das Alter. Vorbereitungsseminare können die lebenslange Prägung durch die eigene Biografie kaum mehr ausgleichen. Aus den Biografien von über hundertjährigen Menschen geht beispielsweise eine durchgehend positive, ja humorvolle Einstellung zum Leben hervor. Die Fröhlichkeit dieser Menschen ließ sie sehr alt werden – und »das Altwerden machte sie offenbar lustig«[5]. Lachen als Lebensprinzip baut Konfliktstress ab und steigert die Lebensfreude.

Eine lebensbejahende Einstellung zum Leben ist ein Garant für Lebensqualität und Lebenszufriedenheit im hohen Lebensalter[6]. Das Selbstwertgefühl bleibt dadurch erhalten. Sich auf ein langes Leben vorbereiten kann daher nur heißen: lebensbejahende Einstellungen erlernen.

Frühzeitig eigene Positiv-Potentiale erkennen: Das Ja zum Leben nach der Arbeit ist erlernbar.

Es macht jeden Lebensabschnitt zu einer Reise, an deren Ende ein neuer Anfang steht.

Lebensbejahung und aktive Einstellung zum Leben sind nicht voneinander zu trennen. Wer ein positives Lebensgefühl (im physischen, psychischen und sozialen Sinne) besitzt, hat eine heitere, fast optimistische Stimmungslage, beweist Lebensmut und zeigt zumeist ein hohes Aktivitätsniveau[7].

Wir kennen es allerdings aus dem Wetterbericht: »Gefühlte Temperaturen« sind schon etwas anderes als objektiv ablesbare Temperaturen auf dem Thermometer. Ähnlich verhält es sich mit dem gefühlten Alter, das sich immer mehr vom biologischen Alter abkoppelt. Die »Man-ist-so-alt-wie-man-sich-fühlt«-Devise soll die Mitte des Lebens festhalten helfen. Meine Zeitreihen-Untersuchungen weisen allerdings nach: Ein Ende des Jugendwahns zeichnet sich mittlerweile in Deutschland ab.

Die Mitte des Lebens um 40 und nicht mehr die Jugendzeit ist das neue Lebensideal der Deutschen.

Bisher hieß es: »Forever young«. In Zukunft heißt es: »Forever fourty« – Vierzig ist fabelhaft! Gefühltes Alter 40 – das aber ein Leben lang festhalten.

Dies bleibt nicht ohne Folgen: Der 50-Jährige spielt dann Tennis wie ein 40-Jähriger. Die 60-Jährige wirkt wie eine Powerfrau mit 48 und die über 70- bis 80-Jährigen entdecken Fern- und Abenteuerreisen von Australien bis in die Antarktis, die eigentlich die Kondition mittlerer oder gar jüngerer Generationen voraussetzen. Die neuen Senioren sind kein Phantom; es gibt sie wirklich. Die Aktion »Senioren ans Netz« hat ja bald mehr Erfolg als die Kampagne »Schulen ans Netz«: Steigen die ersten jungen Leute aus dem World Wide Web schon wieder aus, weil sie beim Chatten immer öfter auf ältere Surfer stoßen?

Es entwickelt sich ein neues Verständnis von Alter. Mit dem notwendigen Nachdenken über die Zukunft der Gesellschaft ist auch das Nachdenken über die Zukunft des Alters verbunden. Die älter werdende Gesellschaft muss auf die Tagesordnung der Politik (als Daseinsvorsorge) und der Sozialforschung (als Zukunftsforschung) gesetzt werden. Eine »Politik der Lebensalter«[8] wird erforderlich, die sich über neue Altersgrenzen Gedanken machen muss. Sonst kann es passieren, dass wir in der zweiten Hälfte des 21. Jahrhunderts den Punkt erreichen, wo Menschen im Alter von 38 Jahren »von der Universität direkt in den Ruhestand gehen«[9].

Im gleichen Maße, wie die Gesellschaft altert, »machen« sich die Menschen jünger.

Eine Folge dieses Verjüngungsprozesses ist die zwangsläufige Verschiebung der Altersgrenze in der subjektiven Einschätzung der Bevölkerung. Dieser Bewusstseinswandel ist allerdings in Wirtschaft und Politik noch nicht angekommen. Viele 50plus-Arbeitnehmer werden nach wie vor künstlich alt gemacht oder gelten gar als kaum mehr vermittelbar. Und für die Politik setzt das Alter weiterhin bereits mit 60 ein. Weil es bisher keine eindeutige oder allgemeingültige Definition des Begriffs »Alter« gibt, greift die Politik notgedrungen auf diesen Erfahrungswert zurück.

Die Enquête-Kommission des Deutschen Bundestages hat die »Altersgrenze von 60 Jahren« als angemessenen Altersbegriff festgelegt. Und bei der Berechnung des sogenannten »Altenquotienten« in Deutschland wird ganz selbstverständlich das zahlenmäßige Verhältnis »der ab 60-Jährigen« zu den 21- bis 59-Jährigen in Beziehung gesetzt[10]. In Zukunft muss umgedacht werden:

> Die 70-Jährigen gelten als Senioren,
> die 85-Jährigen als Hochaltrige und
> die 100-Jährigen als Langlebige.

In dieser Sichtweise wird dann Alter zeitlich so ausgeweitet, dass die Altersphase eine Spanne von vierzig bis fünfzig Jahre umfasst. Teilt sich die Bevölkerung bald nur noch in Junge und Alte – und sonst nichts? Dem stehen allerdings die Erkenntnisse der modernen Alternswissenschaft entgegen, wonach sich aus dem ehemals dritten ein viertes Lebensalter entwickelt hat und das vierte Lebensalter die Merkmale des früheren dritten annimmt[11]. Die Grenzen zwischen »jungen Alten« und »alten Jungen« werden immer fließender, weil sich auch die Einstellung zum Leben ändert. Fortan gilt:

> Wer gut und lange leben will, muss seinen
> Lebensstil ändern und sollte nicht nur
> die Bank, den Arzt oder Apotheker fragen.

Nach wie vor gilt die Aussage des antiken Philosophen Cicero (106 bis 43 v. Chr.): »Nicht das Alter ist das Problem, sondern unsere Einstellung dazu.« Jenseits von Blutdrucksenkern, Heil- und Nahrungsergänzungsmitteln hat nachweislich die eigene Lebenseinstellung die größte lebensverlängernde Wirkung.

Vitalität, Lebenslust und Optimismus halten die Menschen länger gesund. Optimisten sterben seltener nach einer schweren Krankheit (z.B. Herzinfarkt) und erreichen nach der Reha schneller ein höheres Leistungsniveau[12]. Kurz: Mit einer optimistischen Lebenseinstellung bleibt man länger gesund.

Wer gut zu leben versteht und positiv zum Älterwerden steht, wird siebeneinhalb Jahre älter als alle Anderen, die mit Altersängsten leben. Amerikanische Forscher sprechen von »Longevity Increased by Self-Perceptions of Aging«[13] und können sich dabei auf die Ergebnisse einer Langzeitstudie über einen Zeitraum von zwanzig Jahren stützen. Mit den gewonnenen Jahren ist bei dieser positiven Lebenseinstellung zugleich ein Gewinn an Lebensqualität verbunden.

Und wer glaubt, nicht als Optimist geboren zu sein, sollte sich die Dänen zum Vorbild nehmen. Nach dem aktuellen »World Happiness Report« der Vereinten Nationen (2016) sind die Dänen unter 160 untersuchten Staaten die glücklichsten Menschen der Welt. Als wichtigsten Grund führt das von den UN beauftragte Earth Institute der New Yorker Columbus University neben der hohen Lebenserwartung die geistige Gesundheit bzw. mentale Fitness auf der Basis einer positiv-optimistischen Selbstwahrnehmung an. Die Dänen gelten als besonders bescheiden, weil sie sich auch über die kleinen Dinge des Lebens freuen können. Fragt man einen Dänen, so wird kolportiert: »Bist du ein Optimist?« Dann antwortet er: »Ich hoffe es.« Mit der Hoffnung wächst die Lebensbejahung als Voraussetzung für ein glückliches und meist auch langes Leben.

5. Den Geist nicht aufgeben
GEISTIGE FITNESS ALS
LEBENSLANGE HERAUSFORDERUNG

Vor knapp dreißig Jahren hatte ich 1987 in der Zukunftsstudie »Wie leben wir nach dem Jahr 2000?« eine Explosion der Bildungsbereiche vorausgesagt. Mehr Menschen würden dann die Zeit zur Weiterbildung als Lebensinhalt nutzen: »Universitäten werden die ›älteren Semester‹ entdecken« und die »Jedermann-Kreativität fördern« helfen[1]. Genauso ist es gekommen. Die Generation 65plus macht gut vierzig Prozent der Gasthörer an den Universitäten aus. Über 14.000 Ältere sind hier geistig aktiv und studieren Philosophie oder Kunst, Geschichte oder Gesellschaftswissenschaften. Zusätzlich melden die Volkshochschulen, dass rund 700.000 Kurse für Gesundheit, Sprachen und Computer von Senioren belegt werden.

> **Altersweisheit? Nein, danke! Die meisten Menschen wollen lieber jung im Kopf bleiben.**

Ganz im Sinne eines Wortes von Filmschauspieler Bud Spencer: »Ich bin zwar 86 Jahre alt, aber im Kopf noch immer 28.« Nicht nur von der Altersweisheit, auch von der Altersautorität müssen wir uns verabschieden. Früher besaß der Erwachsene gegenüber dem Jugendlichen aufgrund seines Alters Autorität: Er war dem Jüngeren überlegen durch Erfahrung, Urteilsvermögen und Lebensreife. Diese Altersautorität forderte vom Jüngeren, den Älteren als den Überlegeneren anzuerkennen (Ovid: »Alter gibt Erfahrung«; Lessing: »Alter, du bist alt an Haaren/Blühend aber ist dein Geist«; Schiller: »Die Erfahrung krönt's/Mit mancher Weisheit, die der Jugend mangelt«).

> **Erfahrung, Geist und Weisheit zeichneten früher den Autoritätsträger aus – weil er in der Regel alt war.**

Heute hört die Autorität auf, eine bloße Konsequenz des Alters zu sein. Altersautorität ist nicht mehr selbstverständlich. Aus der »Würde des Alters« (3. Moses, 19, 32: »Vor einem grauen Haupte sollst du aufstehen ...«) lässt sich in einer Zeit raschen sozialen Wandels kein Überlegenheitsanspruch mehr herleiten. Der ehemalige Informations- und Erfahrungsvorsprung des Alters erweist sich nicht selten sogar als Handicap: Für die Jungen wird das Alter eher gleichbedeutend mit »altmodisch«, »rückständig« und »unwissend«. Und was jahrhundertelang erstrebenswert war, nämlich einen »Beruf fürs Leben« zu erlernen, ist jetzt fragwürdig geworden. Etwa jeder Zweite übt heute nicht mehr den Beruf aus, den er in der Jugend erlernt hat. Beschleunigend auf den Abbau der Altersautorität wirkt sich auch die außerordentliche Verkürzung des zeitlichen Abstandes der Generationen aus. Die Folge:

> **Die Älteren sind wie die Jüngeren auf lebenslanges Lernen angewiesen: Die geistige Überlegenheit der Älteren gibt es nicht mehr.**

Immer mehr Senioren fühlen sich fit und halten sich geistig fit. Die ältere Generation will geistig nicht stehen-, sondern in Bewegung bleiben und lieber geistig beansprucht und gefordert werden als sich mit »Stammtisch« oder »Kaffeekränzchen« zufriedenzugeben.

In der Tierwelt gibt es keine vergleichbare Altersdemenz – auch nicht bei der 150jährigen Schildkröte. Und für den Menschen gilt: Ein hohes Lebensalter muss nicht zwangsläufig einen Verlust von geistiger Fitness zur Folge haben. Beides ist möglich: Rückschritt und Fortschritt – je nachdem wie Blutzirkulation, Sauerstoffverbrauch des Gehirns oder Atmungsfähigkeit entwickelt sind.

Was der Philosoph Cicero 73 v.Chr. in seinem Dialog über das Alter (»Cato major de senectute«) als Lebensklugheit empfahl, bekommt in einer Gesellschaft des langen Lebens eine immer existentiellere Bedeutung: Im Alter braucht man weniger körperliche Kraft (»non viribus«). Stattdessen gilt es, den Geist durch regelmäßige Übungen zu stärken (»exercititationes ingeni«).

> »Geistig fit bleiben«: Das ist die größte Herausforderung für das alternde Gehirn.

Nicht Traumschiffe und Traumreisen stehen bei den Älteren heute im Zentrum unerfüllter Wünsche, sondern geistige Fitness und soziale Kontakte, Schaffensfreude und materielle Sicherheit. Letzteres hat wenig mit Wohlstandssteigerung oder der Anhäufung materieller Güter zu tun. Es geht mehr um die Freiheit von Geldsorgen und Existenzängsten: Sorglos leben, also gut »vor-gesorgt« haben und finanziell »ab-gesichert« sein, stehen ganz oben auf ihrer Wunschliste. Die ehemaligen Kriegs- und Nachkriegsgenerationen wollen in der Balance von Pflichterfüllung und Lebensfreude leben können. Ihre Träume vom guten Leben gleichen maßvollen Wünschen mit Bodenhaftung.

Fit für die Zukunft heißt: mit beiden Beinen im Leben stehen und sorgenfrei und zufrieden sein können.

Dieses Lebensglück bekommt die ältere Generation aber nicht geschenkt. Dafür muss sie schon selbst etwas tun. Das fängt – vor dem Hintergrund der Diskussion um Mindestlöhne oder drohender Altersarmut – bei der privaten Vorsorge im Sinne von materieller Absicherung an, setzt sich über die Pflege und Intensivierung sozialer Kontakte im Umfeld von Familie, Freundeskreis und Nachbarschaft fort und endet im Bemühen, sich dabei nicht selbstlos zu vergessen.

Das Leben nach der Arbeit bekommt ein eigenes Gewicht und ist keine Marginalie des Lebens mehr.

Die Schwedin Ellen Key hatte vor über hundert Jahren in ihrem Buch »Das Jahrhundert des Kindes« kritisiert: »Das Kind nicht in Frieden zu lassen, ist das größte Verbrechen gegen das Kind.«[2] Wird der Vorwurf im neuen »Jahrhundert der Senioren« eher so lauten: Die Senioren links liegen zu lassen – wäre der größte strategische Fehler der Wirtschaft?

Die Wachstumsmärkte sterben auch in Zukunft in der älterwerdenden Gesellschaft nicht aus. Ganz im Gegenteil. Ohne die ältere Generation müssten Arztpraxen, Apotheken und Gesundheitsdienste um ihre Existenz bangen, verlören Zeitungsverlage, Konzerthäuser und Theater ihre wichtigsten Abonnenten, stünden leer stehende Kirchengebäude zur Disposition, hätten Vereine und Verbände keine große Zukunft mehr, weil die meisten Ehrenämter »unbesetzt« blieben. Und manche Traumschiffe müssten Insolvenz anmelden.

Die wachsende Wirtschaftskraft und Wirtschaftsmacht der älteren Generation sind auch eine Erklärung dafür, warum die moderne Ökonomie derzeit eine Kehrtwende vollzieht. Weil die Senioren heute länger leben, länger fit bleiben und mehr konsumieren, wird das Untergangsszenario von der Greisenrepublik und dem Alterungs-Tsunami »abgesagt«. Und statt der tickenden Zeitbombe »Demografischer Wandel« wird das Hohelied auf die »demografische Rendite«[3] angestimmt. Aus grau wird wieder bunt, und das Endzeitszenario wandelt sich zum gelebten Alterstraum. Lange leben wird zum Wunschtraum.

Machen wir uns nichts vor: Wenn wir das jugendliche Wort »Ideale« durch »Träume« ersetzen, dann können Ältere ganz im Albert Schweitzer'schen Sinne sagen: Mit den Jahren runzelt die Haut, mit dem Verzicht auf Träume aber runzelt die Seele. Niemand wird alt, weil er oder sie eine Anzahl Jahre hinter sich gebracht hat.

Wir werden alt, wenn wir unseren Träumen Lebewohl sagen.

Als der spanische Cellist Pablo Casals einmal gefragt wurde, warum er als 92-Jähriger immer noch täglich Cello übe, antwortete er: »Ich glaube, ich mache Fortschritte.« Die ältere Generation stellt in Zukunft das größte Wissenspotential dar. Eine Gesellschaft, die das nicht im Blick hat, verliert ihr Langzeitgedächtnis. Geistige Gesundheit und mentale Fitness werden zu neuen Lern- und Lebenszielen. Der gesundheitspolitische Imperativ in der langlebigen Gesellschaft des 21. Jahrhunderts lautet: »Ändere dein Leben – und nicht nur deinen Körper!«

6. Wohlfühlen in der eigenen Haut
GESUNDSEIN ALS LEBENSELIXIER

Im Alter ein Gebrechen nach dem anderen? Im Altersheim geballte Gebrechlichkeit rund um die Uhr? Das sind Klischees.

Gesünder älter werden: Das ist in Deutschland beides zugleich – Wunsch und Wirklichkeit.

Wir sollten uns nicht länger von Medizin und Ärzten krankschreiben lassen. Dazu gehört auch die Erkenntnis, dass es trotz eines objektiv diagnostizierten Krankheitszustandes ein subjektiv wahrgenommenes Gesundheitsgefühl geben kann. Was Mediziner »Healthy Aging« nennen, deutet auf das Faktum hin, dass wir heute und in Zukunft länger beschwerdefrei leben können. Nicht unerwähnt bleiben darf in diesem Zusammenhang das sogenannte »Disability-Paradox«[1]:

Man fühlt sich wohl und gesund, obwohl andere meinen, man sei krank und gebrechlich.

Die persönliche Sicht alter Menschen stimmt oft nicht mit der Betrachtungsweise Außenstehender überein. Ihre Einschätzung muss deshalb nicht falsch sein, weil sie mögliche körperliche Einschränkungen durch eine besondere individuelle Lebensqualität (sozial, geistig, finanziell u.a.) auszugleichen in der Lage sind.

Die Gesundheit wird zum Megamarkt der Zukunft. In der immer älter werdenden Gesellschaft boomen dann Bio- und

Gentechnologien, Pharmaforschung und Forschungsindustrien gegen Krebs, Alzheimer und Demenz sowie gesundheitsnahe Branchen, die Care, Vitalität und Revitalisierung anbieten.

Die Gesundheit bekommt in Zukunft fast Religionscharakter – ganz im Sinne eines Kirchenwortes von Kardinal Joachim Meisner: »Das Gesundheitswesen nimmt die Form einer Kirche an.«[1] Die Gesundheit stellt den wichtigsten Wert im Leben dar. Die Achtung, ja die Hochachtung vor der eigenen Gesundheit wird immer bedeutsamer. Gesundheit bedeutet aber mehr als körperliche Fitness: Es geht dabei im wahrsten Sinn des Wortes um das Wohlfühlen in der eigenen Haut.

Wer z.B. heute regelmäßig joggt, der oder die muss etwa 1,5 Jahre des Lebens laufen, um dann zwei Jahre länger zu leben – und natürlich auch gesünder zu sterben. Viele verweigern sich mittlerweile und sehnen sich wieder nach Fitness auf die sanfte Tour. »Für die Zukunft zeichnet sich eine Entwicklung ab, in der aus Fitness ›Wellness‹ wird: Wellness zielt auf persönliches Wohlbefinden (‚well-being')« – so lautete meine Prognose aus dem Jahre 1987[2]. Dieser Wellness-Trend ist inzwischen weltweit Wirklichkeit geworden.

Allerdings muss schon wieder darauf geachtet werden, dass der Boom nicht zum Bumerang wird. Mitunter sollen Wochenendgäste zum Schrecken des Personals wie die Hunnen in diese Wellness-Oasen einfallen und alles auf einmal machen: von der Sauna in den Whirlpool und dann ab zum Peeling und zur Ganzkörpermassage. Rastlos vom Bürosessel auf die Massagebank: Sie hetzen vom Arbeitsstress zur Ruhe-Übung. »Irgendwas läuft da falsch.«[3] Für die Zukunft zeichnet sich eher schon als Risiko ab: Aus Wellness kann Wellstress werden.

Ohne Gesundheit ist fast alles nichts wert.

Daher ist klar: Jeder und jede muss mehr für die eigene Gesundheit tun, also körperlich, seelisch, geistig und sozial fit bleiben, um im Alter nicht allein zu sein oder sich als fünfte Generation wie das fünfte Rad am Wagen zu fühlen. Nur wer aktiv zu leben versteht, kann verhindern, dass die Altersträume von heute zu Alpträumen von morgen werden.

Hinter manchen Altersträumen tickt auch die Uhr des Lebens – die späte Einsicht, sich vielleicht doch mehr mit der Familie zu beschäftigen, den Freunden mehr Zeit zu widmen und nachhaltigere Nachbarschaftskontakte zu pflegen. Altersträume sind kein Luxus, eher eine Lebensnotwendigkeit, den vorhandenen Zeitwohlstand im höheren Lebensalter zu nutzen – ehe es zu spät ist.

Drei Viertel der über 65-Jährigen in Deutschland fühlen sich fit und gesund.

Nach Erhebungen des Berliner Robert-Koch-Instituts (RKI) bezeichnen drei von vier Deutschen ihren Gesundheitszustand als gut oder sehr gut. Auch bei der älteren Generation ist es nicht wesentlich anders. Nach den vorliegenden Daten des Statistischen Bundesamts[4] schätzen sich 82 Prozent der 65- bis 69-Jährigen als gesund ein; bei den 70- bis 74-Jährigen sind es 79 Prozent. Selbst in der Altersgruppe ab 75 Jahren fühlen sich fast drei Viertel (72%) fit. Daraus folgt:

Die Generation 65plus ist zu jung zum Altsein: Sie lebt nicht nur länger, sondern gewinnt gesunde Lebensjahre hinzu.

Deutschland altert, aber geht nicht am Stock: Die Generation 65plus isst und ist gesünder als je zuvor.

Im biblischen Verständnis und aus jüdisch-christlicher Sicht geht es beim guten Leben in erster Linie um das individuelle Wohlergehen – und zwar physisch im Sinne von Gesundheit und psychisch im Sinne von Lebensglück. Wer gesund und glücklich lebt, ist nach der biblischen Verheißung im »gelobten Land« angekommen. Die materielle Dimension im Sinne von Geld und Gütern ist zwar für Glück und Gesundheit förderlich, hat aber keinen Eigenwert.

Mehr Gesundheit und Glück als Geld und Güter: was »gutes Leben« wirklich bedeutet.

»Ihr könnt nicht beiden dienen, Gott und dem Mammon«, heißt es bei Matthäus (6, 24). Die bloße Gier nach Geld lässt Gottes- und Nächstenliebe verkümmern. Das Wort »Wohlstand« fand erst im 16. Jahrhundert weite Verbreitung. Es hatte seinerzeit eine zweifache Bedeutung:
- Erstens hieß »in Wohlstand leben« so viel wie »gut und glücklich leben«. Gemeint war das ganz persönliche Wohlergehen (»Wenn es uns nach wunsch und willen gadt«). So erklärt sich bis heute die Redensart »wohl oder übel«, womit das Gutgehen oder Schlechtgehen (»wohl- und übelstand«) gemeint ist.
- Zweitens war Wohlstand ein Synonym für Gesundheit und körperliches Wohlbefinden: Wer im besten Wohlstand lebte, war bei bester Gesundheit.

Erst im 18. und 19. Jahrhundert kam es zu einer Bedeutungsverengung des Wohlstandsbegriffs. Weil man das Gutgehen von Menschen nicht selten schon an Äußerlichkeiten erkennen konnte – z.B. an der Kleidung, der Wohnungseinrichtung oder der Größe des Hauses – wurde daraus abgeleitet:

Wer so leben kann, muss einfach »wohlhabend« sein, also über Geld und Güter verfügen. Diese auf das Materiell-Wirtschaftliche verengte Sichtweise hat sich seither durchgesetzt und die physischen und psychischen Aspekte weitgehend in den Hintergrund gedrängt oder vergessen gemacht.

So kam erst im 20. Jahrhundert der Begriff Wohlstandsgesellschaft auf und bezeichnete eine Gesellschaft, die den Bürgern die Befriedigung materieller Bedürfnisse ermöglichte, die weit über dem Existenzminimum lagen. Es ging um Konsum, auch um Geltungs- und Erlebniskonsum und schloss Luxusgüter mit ein. Und Werbeagenturen agierten zugleich erfolgreich nach dem Grundsatz: Für uns fängt der Mensch beim Konsumenten an! Das war verständlich. Denn davon lebten sie, während Probleme wie Arbeitslosigkeit und soziale Ungerechtigkeit sie nur am Rande interessierten.

Bis zur Jahrhundertwende vom 20. zum 21. Jahrhundert definierte die Brockhaus Enzyklopädie noch ganz selbstverständlich Wohlstand als »die Verfügungsmöglichkeit einer Person, einer Gruppe oder einer Gesellschaft über wirtschaftliche Güter«[5]. Wohlstand wurde gleichgesetzt mit gehobenem Lebensstandard oder großem Reichtum. Das Wohlstandsniveau wurde nur in Geldwerten und Einkommensgrößen »gemessen«. WHO und OECD denken in ihrer Gesundheitsstatistik ganz anders:

> **Aus der Negativdefinition der zerronnenen Lebensjahre wird die Positivdefinition der gewonnenen Lebenszeit.**

Positive Gesundheitstrends werden immer wichtiger. Wir können mit einem langen – und über lange Jahre in Gesundheit verbrachten – Leben rechnen. Ein seit den 70er Jahren zu beobachtender Zukunftstrend setzt sich weiter fort: Die Gesundheit verbessert sich. Der Anteil der Bevölkerung, der seinen Gesundheitszustand als gut bezeichnet, nimmt stetig zu.

Und die Lebenserwartung wächst weiter. Wer heute 65 Jahre alt wird, hat noch ein Viertel seines Lebens vor sich – die »vierte« Lebensphase. Und für die Zukunft gilt: Die Männer holen bei der Lebenserwartung auf. Der Angleichungsprozess zwischen den Geschlechtern setzt sich weiter fort.

Das beschwerdefreie Leben im hohen Alter nimmt zu.

Statt wie bisher nur über die Entstehung von Krankheiten nachzudenken (»Pathogenese«), rückt in Zukunft die »Salutogenese« ins Zentrum von Gesundheitsforschung: Dabei geht es primär um die Frage, wie Menschen bis ins hohe Alter gut und gesund leben können.

Wir müssen frühzeitig eine umfassende private Lebensökonomie entwickeln, die das materielle Fundament des Lebens um soziale, physische und mentale Aspekte ergänzt und bereichert. Lebensökonomie setzt Kapitalbildung auf breiter Ebene voraus: Geldkapital, Humankapital, Sozialkapital, also alles, was zur Sicherung des Lebensunterhalts und der Lebensqualität beiträgt: Einkommen und Vermögenserwerb, Geldanlagen und Erbschaften, Sparquoten und Immobilien, aber auch Gesundheitsinvestitionen, Familiengründung und Kindererziehung, Nachbarschaftshilfen und freiwillige Pflegeleistungen stellen das Lebenseinkommen dar und garantieren Lebensqualität.

Eine gelungene private Lebensökonomie gleicht einem Haus der Zukunftsvorsorge mit vier Säulen.

Mit der ökonomischen Säule lässt sich allenfalls der Lebensstandard absichern oder verbessern. Aus der Sicht der Bevölkerung ist Lebensqualität bis ins hohe Alter nur dann gewährleistet, wenn gleichwertig drei andere Säulen hinzukommen und darauf aufbauen:
- die physische Säule (= die Gesunderhaltung),
- die soziale Säule (= die Pflege der Familien- und Freundesbeziehungen) sowie
- die mentale Säule (= die persönliche Interessenentwicklung und Weiterbildung).

Altersvorsorge muss mehr private Zukunftsvorsorge und weniger ein Regelwerk des Gesetzgebers sein.

Lebensgewohnheiten und nicht Medikamente sind die wichtigsten Bestimmungsfaktoren für Gesundheit.

Die Gesundheit lässt sich zu etwa 50 Prozent durch Veränderungen von Lebensstil und Lebensgewohnheiten (einschließlich Ernährungsgewohnheiten) beeinflussen. Weitere 20 Prozent gehen auf Umwelteinflüsse, 10 Prozent auf humanbiologische Faktoren und lediglich 20 Prozent auf das Gesundheitssystem und die medizinische Versorgung zurück[5].

Wer lange leben will, muss mehr die persönliche Lebensqualität als den Lebensstandard im Blick haben.

Mit der persönlichen Lebensqualität verbinden wir:
- Geruhsames: Alltag abtropfen lassen (»Stiller See«, »Schiff, das sich treiben lässt«, »Im Bett liegen«, »Seele baumeln lassen«, »Entspannung total«).
- Sinnliches: Natur spüren (»Sand unter den Füßen«, »Sonnenuntergang am Meer«, »Rote Sonne vor Augen«, »Wärme auf Gesicht«, »Erde riechen«, »Gras spüren«, »Vogel im Wind«).
- Soziales: gesellig sein (»Mit Freunden kochen, essen, reden«, »Zusammen genießen«, »Lebenslust«, »Leute im Café beobachten«, »Lachende Gesichter«, »Welt umarmen«).

Die Bilder und Assoziationen beschreiben geradezu den Traum von der Lebenszufriedenheit im Alter: Das Individuum ruht in sich selbst, zufrieden und glücklich, aber auch Ich-bezogen: Man braucht die Freunde und lachenden Gesichter für das eigene Glücklichsein.

Lebensqualität im Alter ist in der persönlichen Wunschvorstellung wie ...
- ... die Luft zum Atmen
- ... das Gelbe vom Ei
- ... der Sinn des Lebens
- ... ein warmes Bett
- ... ein Sonnentag im Winter
- ... Frühstück im Bett am Sonntag
- ... Weihnachten und Ostern zusammen

Mehr poetisch als prosaisch – beinahe eine Antwort auf die alte/neue Frage: Was braucht der Mensch zum Glücklichsein, zum Sich-Wohlfühlen in der eigenen Haut? »Ein gutes Buch, ein paar Freunde, eine Schlafstelle und keine Zahnschmerzen«, so hätte Theodor Fontane diese Frage beantwortet. Die ältere

Generation im 21. Jahrhundert sieht dies ähnlich, aber doch nicht gleich: Sie möchte mobil und unternehmungslustig sein, ein wenig in Atmosphäre baden und viel mit Menschen zusammen sein.

Das aber kann man nicht erst im Alter lernen oder wiedererlernen. Das Wohlfühlen in der eigenen Haut ist eine lebenslange Aufgabe zur Gesunderhaltung. Andernfalls bewahrheitet sich das Wort des französischen Philosophen Voltaire: »In der ersten Hälfte unseres Lebens opfern wir die Gesundheit, um Geld zu erwerben; in der zweiten Hälfte opfern wir unser Geld, um die Gesundheit wiederzuerlangen.«

7. Auf Nummer sicher gehen
FÜR FINANZIELLE ABSICHERUNG SORGEN

In der TV-Werbung klingt es leicht und locker: »Wenn ich groß bin, werde ich Opa. Dann habe ich immer Zeit – und Geld habe ich auch.« Dem steht die wachsende Angst vor der Zeitbombe Alterssicherung gegenüber: Die betriebliche Altersversorgung ist rückläufig und die staatlichen Sicherungssysteme haben unter zunehmend größeren Engpässen zu leiden. Immer weniger Beschäftigte müssen immer mehr Rentner versorgen. Der gesetzliche Generationenvertrag stößt an seine Grenzen. Vor diesem gesellschaftlichen und ökonomischen Hintergrund wird die private Zukunftsvorsorge zur neuen Lebensaufgabe für alle, die Altersarmut und sozialen Abstieg verhindern wollen.

Können die heute Dreißigjährigen ihrem künftigen Ruhestand gelassen entgegensehen? Wann hört ihre Gelassenheit auf und wann fängt ihre (Vor-)Sorge an? Die bisherige Lebensdevise »Meine Altersversorgung ist die Arbeit« reicht als Zukunftssicherung nicht mehr aus. Es ist davon auszugehen, dass das Vertrauen der jüngeren Generation in die Sicherheit der gesetzlichen Rentenversicherung zunehmend verloren geht. Schon heute ist klar: Ein Durchschnittsverdiener benötigt mindestens 25 Versicherungsjahre, um eine Rentenhöhe zu erreichen, die dem derzeitigen Sozialhilfeanspruch gleichkommt. Welche Garantie aber haben junge Menschen heute und in naher Zukunft noch auf eine 25-jährige Berufslaufbahn?

> **Gut und lange leben können, heißt auch, abgesichert sein und keine finanziellen Sorgen haben.**

Ein langes Leben ist sicher nicht nur eine Folge von Wohlstand und materiellem Reichtum. Wer aber zeitlebens prekär – am Rande der Armut - leben muss, finanziell nicht für die eigene Zukunft vorsorgen und sich keine gute medizinische Versorgung leisten kann, muss sich einfach schlechter fühlen und wird kaum motiviert sein, ein langes Leben mit ständigen Armutsrisiken zu führen.

Erinnern wir uns: Ludwig Erhards Versprechen »Wohlstand für alle« aus den fünfziger Jahren ist heute auf den ersten Blick weitgehend Wirklichkeit geworden. Erhard war seinerzeit in seinen Berechnungen davon ausgegangen, dass »auf jeden Deutschen nur alle fünf Jahre ein Teller, alle zwölf Jahre ein Paar Schuhe und nur alle fünfzig Jahre ein Anzug komme«[1]. Mit seiner Wohlstand-für-alle-Formel wollte Erhard dagegen etwas völlig Neues schaffen: Kühlschränke, Waschmaschinen und Staubsauger sollten für alle erschwinglich sein.

Schon bald konnte Erhard stolz einen Anstieg der »Zahl der konsumierten Beefsteaks und Koteletts« vermelden, aber nicht verhindern, dass die Deutschen immer höhere Ansprüche stellten. Sein Appell, Maß zu halten, wirkte nicht. Die Bevölkerung hatte sein Versprechen für bare Münze genommen: Sie wollte immer mehr, weil Erhard auch einen »immer höheren Lebensstandard« versprochen hatte. Höherer Lebensstandard wurde vorschnell mit höherer Lebensqualität gleichgesetzt. In Wirklichkeit wurden die Deutschen nachweislich durch mehr materiellen Wohlstand nicht zufriedener.

Aus konsumpsychologischer Sicht ist der Sättigungspunkt des Verbrauchers nie erreicht, weil der Konsum fast »wie eine Droge funktioniert« und die Illusion verstärkt, dass alles, was wir uns wünschen, auch erreichbar und erwerbbar sei. Aber genau darin liegt das Problem: Jenseits der goldenen Mitte erweist sich die Gier (die kein Maß kennt) bzw. »das Übermaß als größte Schwäche des Menschen«[2]. Mit der Übertreibung wächst die Unzufriedenheit und rückt die Frage nach Sinn und Maß des Lebens in weite Ferne – statt sich an die biblische Parabel von den sieben fetten und den sieben mageren Kühen zu erinnern. Auch im 21. Jahrhundert werden auf fette Jahre magere Jahre folgen.

Das Wort »Zukunftsvorsorge« gilt bisher fast nur als Synonym für Geldanlage. Und beim Stichwort »Risikofaktor Rente« geht es ohnehin nur um die Frage, ob die Renten-»Zahlungen« auch in zwanzig, dreißig Jahren noch sicher sind. In Wirklichkeit aber geht es um mehr.

Wer sich ernsthaft um die Zukunft sorgt, kann die Altersvorsorge nicht nur als Geldthema begreifen.

Altersvorsorge ist Daseinsvorsorge im Sinne von materieller, mentaler und sozialer Zukunftssicherung. Die Erfahrung zeigt, wie wichtig der psychosoziale Rückhalt der Familie im Alter ist, welche Bedeutung das Zusammensein mit Freunden hat und wie bereichernd die Weiterentwicklung eigener Interessen ist. Über die materielle Absicherung hinaus erweist sich eine umfassende Altersvorsorge als unverzichtbare Investition in die Zukunft. Der Verlust von Familie oder Freunden lässt sich im Alter durch Geld allein nicht mehr ausgleichen.

Der Ruhestand ist eine Erfindung der Neuzeit. Früher arbeiteten die meisten bis ans Ende ihres Lebens.

Lebenszeit und Arbeitszeit gehörten unmittelbar zusammen. Die sogenannte Altersgrenze war eine Alters-Versicherungs-Grenze. Sie lag 1889 bei 70 Jahren und wurde 1916 auf das 65. Lebensjahr herabgesetzt. Die Grenze zum Alter bedeutete dabei in der Regel Invalidität und/oder Berufsunfähigkeit.

Wer heute – freiwillig oder zwangsweise – aus dem Berufsleben ausscheidet, muss weder ›invalid‹ noch ›berufsunfähig‹ oder ›alt‹ sein. Selbst aus der Sicht der Alternsforschung gilt die derzeitige Pensionierungsgrenze als »willkürlich festgesetzt. Ihre allgemeine Gültigkeit wurde nie nachgewiesen«[3]. Nicht eine vom Arbeit- oder Gesetzgeber verordnete Zwangspensionierung ist daher das Gebot der Stunde, sondern eine verstärkte Individualisierung der Arbeitszeit in den letzten zehn Jahren des Berufslebens, wozu eine Flexibilisierung der Altersgrenze nach unten und nach oben gehört. Die Eingewöhnungs- und Anpassungsprobleme sind nachweislich umso geringer, je freiwilliger der Wechsel vom Erwerbsleben in den Ruhestand erfolgt[4].

Durch eine Öffnung der Altersgrenze nach beiden Seiten kann man der Pensionierung ihren Fallbeil-Charakter nehmen. Idealiter müsste den Arbeitnehmern das allmähliche Ausscheiden aus dem Berufsleben durch die Empfehlung erleichtert werden: sich von der Arbeit wegschleichen! Realisierungsansätze hierzu gab es schon Anfang der achtziger Jahre (z.B. im Unternehmen Ferdinand Pieroth): 60-Jährige konnten wöchentlich fünf Stunden weniger arbeiten und 65-Jährige konnten auf Wunsch einen Arbeitsvertrag unterzeichnen, der die Weiterarbeit bis zum 67. Lebensjahr und in Ausnahmefällen darüber hinaus ermöglichte.

In Zukunft wird das Modell des flexiblen Ruhestandes (Flexi-Rente) zum Zuge kommen.

Gemeint ist eine »abgestufte Pensionierungszeit mit eigenverantwortlichen Wahlmöglichkeiten und flexibler Altersgrenze«[5]. Wer also über das 65. Lebensjahr hinaus arbeitet, wird vom Gesetzgeber mit einem Zuschlag belohnt. Mit jedem Monat, den man über die offizielle Altersgrenze hinaus arbeitet, wird die monatliche Rente lebenslang um 0,5 Prozent erhöht. Zu Ende gedacht bedeutet dies:
- Wer freiwillig früher in den Ruhestand geht, gibt sich mit Abschlägen bei der Rente zufrieden (z.Zt. minus 3,6 Prozent weniger Rente für jedes Jahr).
- Folgerichtig gibt es bei längerer Lebensarbeitszeit auch Zuschläge bei der Rentenzahlung (z.Zt. plus 6 Prozent mehr Rente für jedes Jahr Mehrarbeit).

Statt in der gesellschaftspolitischen Diskussion – immer nur negativ – höhere Abschläge zu fordern, sollten positiv heute schon mögliche Zuschläge mehr publik gemacht werden. Wer also zwei Jahre länger arbeitet – so der Verband Deutscher Rentenversicherungsträger (VDR) – bekommt zeitlebens zwölf Prozent mehr Rente. Das ist längst Realität – und doch kaum bekannt.

Eine flexible Öffnung der Altersgrenze nach beiden Seiten – nach unten mit Rentenkürzungen und nach oben mit Rentenerhöhungen – wird das Lebensarbeitszeitmodell Mitte des 21. Jahrhunderts sein.

8. Beziehungsreichtum
DIE FAMILIE ALS BESTE LEBENSVERSICHERUNG

In Krisenzeiten besinnen wir uns auf das, was uns Grundgeborgenheit im Leben gewährt und zum persönlichen und sozialen Wohlergehen beiträgt: das Zusammensein mit Freunden und Familie als nachhaltige Wohlstandsqualität – vor allem dann, wenn Arbeit und Einkommen nicht mehr sicher sind. Nach der subjektiven Einschätzung der Bevölkerung stellt die Familie derzeit den wichtigsten Wohlstandsfaktor im Leben dar. Die Bevölkerung hält die Familie für das bestimmendste Merkmal ihrer Wohlstandswirklichkeit.

Wer gute Kontakte zur Familie hat, fühlt sich wohlhabender als der, der nur über Eigentum verfügt.

Sozialer Wohlstand kann materielle Wohlstandsdefizite abfedern und ausgleichen helfen. Dafür spricht auch, dass die Familie mittlerweile der wichtigste Pflegedienst in Deutschland ist: »Deutschlands Pflegedienst Nummer eins« steht in der Förderung gesundheitspolitischer Maßnahmen an oberster Stelle. Die familiären Kontakte und Beziehungen müssen allerdings gepflegt, mitunter erarbeitet werden. Neben dem Beziehungsreichtum trägt die Familie auch materiell zur Gewinnmaximierung des Lebens bei.

In den vergangenen Finanz- und Wirtschaftskrisen haben die Menschen die Erfahrung gemacht: Am sichersten ist es, sich selbst – und der Familie zu vertrauen. Die Familie überlebt alle Krisen. In der Familie »fühlt« man sich sicher: Sie ist die beste Lebensversicherung und – im positiven Sinne – billig und barmherzig: ein sicherer Hafen. Ehe, Kinder und Familie sind wieder in. Die Familie gilt nicht länger nur als Auslaufmodell des 20. Jahrhunderts. Kommt der »zweite« demografische Wandel in naher Zukunft? Gehen Deutschland bald nicht mehr die Kinder aus?

Die Familie schützt vor vielen Armutsrisiken des Lebens und ist so wertvoll wie eine Geldanlage.

Es verstärkt sich zugleich die Suche nach Halt, Heim und Heimat. Die Familie – in welcher Lebensform auch immer – garantiert Ansehen und soziale Sicherheit, was kein Prestigeberuf und auch kein Sozialstaat bieten können. Zugleich verändert sich das Familienverständnis: Es geht nicht nur um eigene Kinder. In Skandinavien wird immer öfter erst dann geheiratet, wenn die Kinder aus dem Haus sind – als Zeichen dafür, dass man im Alter füreinander Verantwortung übernehmen will.

Es wächst die Sehnsucht nach Stabilität und Sicherheit, Geborgenheit und Zusammengehörigkeit. Die Bürger zeigen wieder mehr Mut zu dauerhaften Bindungen. Und weil mittlerweile Verlässlichkeit mehr zählt als Freiheit und Liebe höher bewertet wird als Loyalität, wird die Familie wieder als das Wichtigste im Leben angesehen. Auf sie ist immer in Notzeiten Verlass, weil Beständigkeit – und nicht Beliebigkeit – Zusammenhalt garantiert. Vertraut und verlässlich in jeder Lebenssituation: Das ist die Familie im 21. Jahrhundert.

Noch niemals in der Geschichte der Menschheit währten Ehen so lange wie heute.

Die höhere Lebenserwartung lässt Mann und Frau nicht mehr nur zwanzig bis dreißig Jahre zusammenleben (bis dass der Tod sie scheidet), sondern vierzig, fünfzig oder mehr Jahre. Die Zweisamkeit wird auf eine immer härtere Probe gestellt. Trotz vielfältiger sozialer Neuerungen und Beziehungen bleibt die Familie das Grundmodell für gelebten Gemeinsinn.

Die Menschen praktizieren Familiennähe, wo und wie sie nur können. Für gut ein Drittel der Bevölkerung sind die Eltern in wenigen Minuten erreichbar, weil sie entweder im selben Haus bzw. Haushalt oder am selben Ort wohnen. Dies trifft insbesondere für Bewohner auf dem Land zu, die auf eine höhere »In-wenigen-Minuten-Erreichbarkeit« verweisen können als Großstädter.

Bemerkenswert ist ebenso die Tatsache, dass deutlich mehr Männer als Frauen ihre Eltern in erreichbarer Nähe haben. Etwa jeder vierte Ältere über 50 Jahre wohnt im selben Haus bzw. mit mindestens einem der Kinder unter einem Dach. Die Alternsforschung spricht in diesem Zusammenhang von einer »Beinahe-Koresidenz«[1]. Gemeint ist das Zusammenwohnen im selben Haus, aber in getrennten Haushalten. Bei Hilfebedürftigkeit kann die Familie schnell zur Stelle sein.

Das familiäre Beziehungsnetz lebt – auch unabhängig von der räumlichen Entfernung.

Das Telefonnetz (einschließlich Internet) bildet dabei die wichtigste Kontaktbrücke. Generationenbeziehungen sind auch Generationengemeinsamkeiten. Sorgen sind ein wichtiger Bestandteil aktiv gelebter Beziehungen zwischen den Generationen. Die Generationensorge löst solidarisches Handeln aus: Helfen können geht mit positiven Gefühlen einher.

Andererseits belasten solche Sorgen auch (z.B. bei schwerer Krankheit).

Vor dem Hintergrund stetig wachsender Lebenserwartung suchen sich die Menschen einen neuen Lebenssinn auch jenseits von Erwerbsarbeit und Geldverdienen. Sie schaffen sich selbst Herausforderungen, in denen sie Leistungen im Leben erbringen und Erfolgserlebnisse haben können.

> **Familienarbeit heißt die alternative Beschäftigungsmöglichkeit, die Sinn hat und Spaß macht.**

Viele werden aktiv – auch ohne Bezahlung, denn: Nach der Erwerbsarbeit ist die Lebensarbeit nicht zu Ende. Arbeit wird neu definiert: Erwerbsarbeit bringt Geld, Familienarbeit spart Geld. Genau genommen »bringt« die Familie auch Geld.

Das Statistische Bundesamt weist nach, dass die wichtigste Einkommensquelle der Deutschen – neben dem Arbeitseinkommen – nicht die Rente oder Pension, sondern die Familie ist. Die Familie erbringt eine doppelte Vorsorgeleistung – eine Kapitalvorsorge und eine Sozialvorsorge. Wenn das Grundgesetz in Artikel 6 die Familie unter den besonderen Schutz des Staates stellt, so findet dies in der doppelten Vorsorgeleistung der Familie seine Begründung. Versicherungsgesellschaften können das nicht leisten und Freundeskreise wollen das in der Regel auch nicht. So gesehen erweist sich die Familienförderung als die beste Zukunftsvorsorge der Gesellschaft.

> **Wenn die Gesetzliche Rente schwächelt, nimmt die Familie als verlässliche Vollversicherung ihren Platz ein.**

Es kommt zu tiefgreifenden Veränderungen in der persönlichen Lebensplanung und in den Familienbeziehungen, die jetzt Generationenbeziehungen gleichen. Auch und gerade die Partnerbeziehungen werden auf eine harte Probe gestellt.

Damit verlängert sich die Dauer der Familienbeziehungen. Die Familie bekommt eine neue Funktion als gelebte Solidarität zwischen den Generationen. Sie investiert immer mehr Zeit, Geld und Gefühle in den Erhalt der Beziehungen von der Partnerschaft über die Eltern und Großeltern bis zu den Enkeln, gewinnt dafür aber auch wieder mehr Sicherheit und Geborgenheit.

Beständigkeit ist wieder gefragt. Der Trend zur Individualisierung des Lebens hat seinen Zenit überschritten. Auch die jungen Leute entdecken den Wert von Verlässlichkeit wieder. Für den wachsenden Trend zur Beständigkeit spricht, dass überraschenderweise die Ehen in Deutschland wieder stabiler werden und es auch weniger Scheidungen gibt. Seit 2003 sinkt die Zahl der Scheidungen in Deutschland. Selbst Scheidungswillige bleiben immer länger verheiratet – sieben Jahre mehr als vor zwanzig Jahren. Nur nach der Silberhochzeit ist ein Anstieg der Scheidungszahlen feststellbar ... Der Trend ist klar: Sich ein Leben lang die Hand zu reichen wird wieder selbstverständlicher.

Ehen dauern länger als jemals zuvor: Es gab noch nie so viele Ehen, die 30, 40 oder mehr Jahre Bestand hatten.

Optimistischerweise geht man von einer Verbesserung der Partnerschaftsbeziehungen im Ruhestand aus: Mehr Zeit für sich und mehr Zeit füreinander, das muss sich doch eigentlich positiv auf die Gemeinsamkeit auswirken. Man kann schließlich viel entspannter miteinander umgehen. Die Hoffnung auf die große soziale Harmonie im Ruhestand erfüllt sich allerdings nicht von selbst. Die Partnerschaftsbeziehungen werden auf eine harte Probe gestellt. Man hat jetzt plötzlich den Partner »Tag und Nacht um sich rum«. Bei gemeinsamen Unternehmungen darf man »nicht immer nur dasselbe« und vor allem nicht mehr »nach Terminplan« tun. Man muss sich Gedanken um mehr Abwechslung machen.

> **Aus der Partnerbeziehung wird Beziehungsarbeit: Man muss sich intensiver um den Partner kümmern.**

Die Frage ist mitunter ernst gemeint: »Was mache ich nur, ohne meine Frau zu nerven?«

Für die nächste Generation wird die Familie kein Auslaufmodell und Konsum oder Kind keine wirkliche Alternative mehr sein. Wenn sich die Einstellungsänderungen der jungen Generation weiter stabilisieren, wird sich die junge Generation Zug um Zug vom Singledasein und der Kinderlosigkeit verabschieden. Dieser grundlegende Einstellungswandel wird sich natürlich nur langsam entwickeln und nicht gleich von heute auf morgen demografische Veränderungen zeigen.

> **Die Familie von morgen ist eine Gemeinschaft mit starken Bindungen, in der Menschen füreinander sorgen.**

In der Familie können Sicherheit und Verlässlichkeit, Zusammenhalt und Geborgenheit gelebt werden.

9. Freunde als zweite Familie
NACHBARN ALS WAHLVERWANDTE

Die Familienpolitik muss »Familie weiter denken«, weil sie in Zukunft weit über Kindheit und Jugend hinausreicht. Familie ist ein Generationen-Zusammenhalt und nicht nur eine Eltern-Kind-Gemeinschaft. Die Generationensolidarität steht im Blickpunkt. »Familie« ist da, wo Generationen füreinander Verantwortung tragen und sich stützen und unterstützen. So gesehen erweist sich eine wirksame Familienförderung als beste Zukunftsvorsorge der Gesellschaft.

Vom Generationenpakt auf privater Basis profitieren primär Generationen mit familialen Netzwerken. Alle anderen (insbesondere Singles und Kinderlose) müssen dagegen schauen, dass sie im Laufe ihres Lebens verlässliche nichtverwandte soziale Netze knüpfen. Näher und ferner stehende Menschen müssen ihr Leben begleiten: sogenannte soziale Konvois im außerfamilialen Bereich, also lebenslange Begleiter bis ins hohe Alter.

Soziale Konvois werden sich spontan bilden, aber genauso gut eine Folge rationaler Überlegungen sein – als Helfer in der Not und dies ein Leben lang: Verwandte sozial unterstützen und betreuen, Freunden beim Umzug oder in Notsituationen helfen und jederzeit zur Nachbarschaftshilfe bereit sein. Das rechnet sich – und zahlt sich aus. Bei den vielfältigen Anforderungen des Lebens zeichnen sich soziale Konvois vor allem durch Verlässlichkeit aus. Sie sind als Problemlöser des Alltags hilfreich – vor allem im Nachbarschaftsbereich mit einem besonderen Nebeneffekt:

Je mehr Nachbarn sich mit Vornamen kennen, desto sicherer ist die Wohngegend.

Nachbarn, Freunde und Bekannte werden als soziale Netzwerkpartner immer wichtiger. Obwohl diese Kontakte freiwillig eingegangen werden, also jederzeit aufkündbar sind, zählen sie zu den stabilsten Beziehungen im Lebenslauf. Sie haben langjährige Bedeutung – vor allem, wenn ihnen gemeinsame Aktivitäten und Interessen zugrundeliegen. Soziale Konvois übernehmen in der Regel keine Pflegeleistungen. Aber sie tragen durch ihre Besuchs- und Betreuungsleistungen wesentlich zur Verbesserung der Lebensqualität bis ins hohe Alter bei.

Soziale Konvois sind generationenübergreifend angelegt. Aus den regelmäßigen Kontakten wird ein beziehungsreiches Aufeinander-angewiesen-und-füreinander-da-Sein. Diese Beziehungsqualität schließt spontane Telefonate ebenso ein wie regelmäßige Besuchskontakte sowie materielle und immaterielle Unterstützungsleistungen. Freundschaft zwischen den Generationen wird zu einer neuen Beziehungsqualität – auch über größere räumliche Entfernungen hinweg. Befreit von der Erziehungs-, Betreuungs- und Pflegelast werden soziale Konvois zu Verlässlichkeitspartnern.

Lebensgemeinschaft wird neu definiert: Wahlfamilien und Wahlverwandtschaften werden immer wichtiger.

Der Wert der Nachbarschaft wird wiederentdeckt, weil wir zunehmend aufeinander angewiesen sind. Und wer im eigenen Haus wohnt, auf dem Land lebt und mit zunehmendem Alter auf Unterstützung angewiesen ist, weiß dies besonders zu schätzen. Zusammenhalt durch Zusammenrücken: Das Comeback der guten Nachbarn sorgt für Sicherheit im Alltag. Insbesondere Alleinstehende und Alleinlebende wissen gute Nachbarschaftsbeziehungen zu schätzen. Ohne den Rückhalt von Familienangehörigen in Haus und Wohnung sind sie auf die Hilfe der Nachbarn angewiesen. Freunde und Nachbarn agieren als soziale Konvois nach dem Prinzip: Mir wird geholfen, wenn ich auch anderen helfe.

Damit gesellt sich neben die Familie als wichtigste Zukunftsinvestition für das Alter die Pflege des Freundeskreises. Freundeskreis und Familie werden gleich hoch bewertet. Der Freundeskreis hat in den letzten Jahren deutlich an sozialer Bedeutung gewonnen. Die Menschen pflegen systematisch den Kontakt mit Freunden – nicht nur aus Freude am geselligen Leben, sondern auch und gerade mit dem Gedanken, dadurch etwas Dauerhaftes für das ganze Leben zu schaffen, was sich im Alter vielleicht sogar »auszahlt« bzw. »rechnet«. Bei aller Freundschaft spielen rationale Erwägungen eine nicht unbedeutende Rolle. Die größte Bedeutung hat der Freundeskreis für kinderlose Paare.

> **Kontakte zu Familie und Freunden sind »die« sozialen Vorsorgemaßnahmen für das Alter.**

Dies stimmt mit den Erkenntnissen der Enquête-Kommission des Deutschen Bundestages überein, wonach die älteren Menschen in Zukunft mehr als bisher kompetent und in der Lage sein müssen, sich eigenständig soziale Netze aufzubauen.

Vor dem gesellschaftlichen Hintergrund schrumpfender familialer Netze nehmen auch die Verwandtschaftshilfen (z.B. im handwerklichen Bereich) ab. Die Menschen müssen daher in Zukunft frühzeitig Do-it-yourself-Kompetenzen erwerben, weil andernfalls handwerkliche Dienstleistungen nur professionell erbracht werden können bzw. gegen Bezahlung eingekauft werden müssen. Es wird daher unerlässlich sein, das natürliche Hilfpotential zu aktivieren, damit Freunde als freiwillige Helfer gewonnen werden können[1]. Andernfalls bleibt man allein bzw. alleingelassen.

Der Freundeskreis wird zur zweiten Familie. Fast drei Viertel der Bevölkerung leisten regelmäßig Freundschaftsdienste – von der Kinderbetreuung über die Wohnungsrenovierung bis zur Hilfe beim Hausbau. Und mehr als jeder fünfte Bundesbürger ist zur Stelle, wenn die Freunde in Not sind oder Hilfe bei persönlichen oder familiären Problemen brauchen.

Freunde fungieren als soziale Konvois, die uns ein Leben lang als Weggefährten begleiten können.

Die Bürger machen die Erfahrung des Aufeinander-Angewiesenseins – auch und gerade in der näheren Nachbarschaft: von der Urlaubsbetreuung des Hauses und der Haustiere über die Gartenarbeit bis hin zur Hilfe beim Umzug. Die überwiegende Mehrheit der Bevölkerung leistet Nachbarschaftshilfen. Solange sich Menschen umeinander kümmern und sorgen, lebt die Solidarität als BürgerSelbstHilfe, ohne auf den Staat angewiesen zu sein. Ehrenamtliche Tätigkeiten haben nur mehr eine marginale Bedeutung im Verein, in Kirche und Gemeinde, in sozialen Institutionen oder in Parteien und Gewerkschaft. Gelebte Solidarität im Sinne von praktizierter Hilfeleistung findet bei der Bevölkerung mehr im Nahmilieu von Familie/Verwandten, Freunden/Bekannten und Nachbarn statt.

Das soziale Netz ist weit gespannt. Wenn es persönliche oder familiäre Probleme gibt, dann werden Hilfeleistungen für Verwandte, Freunde und Nachbarn erbracht. Alltäglich gepflegte Kontakte erweisen sich als tragfähige Brücke auf dem Weg zu einem stabilen sozialen Netz. Eine Politik, die zunehmend größeren Wert auf die Selbstverantwortung und Eigeninitiative legt, sollte daher mehr Anlässe und Gelegenheiten für Hilfeleistungen in informellen Lebensbezügen fördern. Hier wird niemand ›einverleibt‹ oder ›in die Pflicht‹ genommen. Die informelle Hilfeleistung ist freiwillig und zwanglos.

Nachbarn als soziale Konvois agieren nach dem Prinzip: Mir wird geholfen, wenn ich auch anderen helfe.

Goethes Erfahrung im Faust II »Wer will jetzt seinem Nachbarn helfen? Ein jeder hat für sich zu tun« bestätigt sich nicht. Den guten, netten und hilfsbereiten Nachbarn gibt es, wenn man etwas dafür tut.

In Wissenschaft und Forschung galt »Nachbarschaft« bisher als ein vielstrapazierter Begriff. Meist ideologisch überfrachtet, sollte er für den Ausgleich struktureller Defizite im modernen Wohnungs- und Städtebau herhalten: Nachbarschaftliche Kontakte entstehen durch Nebeneinanderwohnen, durch Begegnungen im Flur, auf der Treppe oder vor der Haustür, im Hof oder Garten, im Austausch von Begrüßungsformeln und Neuigkeiten, beim Einkaufen im Laden oder beim Spaziergang auf der Straße. Nachbarschaftliche Kontakte entstehen aber gleichermaßen aus Konflikten, aus Ärger und Streit. Kinder und Lärm sind ebenso Ursachen nachbarschaftlichen Ärgers wie Neid, üble Nachrede und Gehässigkeiten, Einmischen in private Angelegenheiten oder aufdringliches In-den-Kochtopf-Gucken.

Bisher wurde Lebensqualität daran gemessen, ob die Wohnung maximale Abgeschiedenheit, Sicherheit (vor Eindringlingen), Schutz (vor Nachbarblicken) und Reizarmut (keine Kinder in der Nähe, gute Geräuschisolierung) gewährt und garantiert. Als Ersatz für die Abriegelung nach außen galt der Konsumreichtum von innen: Die Wohnung wurde zur Konsumfläche umgestaltet. Der kleinfamiliäre Privatismus regierte.

Die Wohnung verliert in Zukunft ihren Inselcharakter, weil nachbarschaftliche Kontakte wichtiger werden.

10. Zusammenhalt mit Zukunft
DIE NEUE SOLIDARITÄT
DER GENERATIONEN

Nach einer alten indianischen Legende wurde einstmals in einem strengen Winter hoch oben im Norden Alaskas ein Nomadenstamm von einer großen Hungersnot heimgesucht. Um den Stamm zu retten, beschloss der Häuptling, wie es das Stammesgesetz befahl, das Lager abzubrechen, neue Jagdgründe zu suchen und die beiden Ältesten des Stammes – zwei Frauen – als »unnütze Esser« zurückzulassen. Als die beiden Frauen dies erfuhren, verbargen sie ihr Entsetzen und blieben mit stolz erhobenem Kinn an der Feuerstelle sitzen, während ihr Stamm sich langsam davonschlich ...

Bald stieg der Zorn in ihnen hoch. Sie sprangen auf und riefen sich gegenseitig zu: »Lasst uns handelnd sterben – und nicht im Sitzen.« Mit einem inneren Gefühl der Stärke besannen sie sich ihrer alten Fähigkeiten und Kenntnisse, die ihnen von früher Kindheit an beigebracht worden waren – von der Herstellung von Schneeschuhen bis zum Aufstellen von Tierfallen. Sie zogen weiter und erinnerten sich einer vom Stamm schon in Vergessenheit geratenen Stelle, wo sie vor langer, langer Zeit gefischt hatten. Nach mühseligen Wanderungen erreichten sie ihr Ziel, schmolzen Schnee zu Wasser, sammelten Holz und legten Nahrungsvorräte an.

In der Zwischenzeit hatte sich das Glück gegen den Stamm gewandt. In ihrer Not kehrten die Stammesmitglieder wieder zu dem alten Lagerplatz zurück, wo sie die zwei alten Frauen im Stich gelassen hatten. Der Stamm litt erneut unter Hunger und lebte am Rande der Hoffnungslosigkeit, bis ein junger Anführer auf der Suche nach Nahrung die beiden Frauen wiederfand: Sie waren nicht nur lebendig, sondern bei bester Gesundheit, während sie - die stärksten Männer des Stammes - fast verhungerten. Die beiden Frauen hatten inzwischen so viel gesammelt und gelagert, dass sie damit auch den übrigen Stamm versorgen konnten. »Wir haben euch Unrecht getan«, meinte der Häuptling, »als wir euch verließen. Jetzt können wir euch nur noch mit unserer Ehrerbietung entschädigen.« Und fortan und nie wieder ließ der Stamm irgendeines seiner alten Mitglieder im Stich.

Die beiden Frauen hatten dem Stamm offensichtlich eine Lektion erteilt. Der Stamm, der sich selbst für wahnsinnig stark gehalten hatte, war am Ende schwach. Und die zwei Alten, die ihm als die Hilflosesten erschienen, hatten sich als stärker erwiesen, weil sie sich ihrer ureigensten Fähigkeiten besannen. Ihr Rat war plötzlich wieder gefragt. Die beiden alten Frauen wussten mehr, als der Stamm je für möglich gehalten hatte[1]. Von dieser alten indianischen Legende können wir heute noch viel lernen.

Noch nie in der Geschichte der Menschheit haben Generationen über so lange Zeiträume zusammengelebt, ohne dass es zu größeren Generationskonflikten gekommen ist. Eine Erklärung dafür lautet: Die Generationen sind mehr aufeinander angewiesen und helfen sich auch wieder mehr untereinander. Weil Jung und Alt wieder mehr und länger zusammenleben, lernen sie auch mehr voneinander. Die Wirtschafts- und Arbeitswelt kann von der doppelten Erfahrung – der Lebens- und der Berufserfahrung der Älteren – profitieren. Es handelt sich um bewährte Lebensgrundsätze wie z.B.
- Ziele beharrlich verfolgen
- Zusammenhänge herstellen
- Frei von naivem Denken sein

- Tempo und Hektik relativieren
- Step by Step: eins nach dem anderen
- Pläne und Projekte in Ruhe reifen lassen
- Sich nicht als Nabel der Welt sehen
- Persönliches und Professionelles miteinander verbinden
- Fehlerursachen erkennen und aus Fehlern lernen
- Mit Enttäuschungen fertig werden und Niederlagen verkraften können.

Jüngere wollen und sollen natürlich auch in Zukunft ihre eigenen Erfahrungen im Leben machen und nicht einfach nur aus den Fehlern anderer lernen. Jüngere können beispielsweise von den Älteren lernen, wie diese miteinander umgehen und Verantwortung übernehmen, wie sie Selbstdisziplin praktizieren, Verzicht üben oder Krisen bewältigen können.

Von den Älteren lernen heißt auch: mit den Älteren lernen.

Und die Empfehlung an die Älteren kann nur lauten: Lassen Sie sich von der Neugier und Risikobereitschaft, der Lebensbejahung und dem Zukunftsoptimismus der Jüngeren mitreißen und genießen Sie das halb-volle und nicht das halb-leere Glas des Lebens. Leben Sie (und fordern Sie nicht nur) Toleranz. Gehen Sie unvoreingenommen und vorurteilsfrei durchs Leben. Und lassen Sie sich anstecken von der Begeisterungsfähigkeit der Jüngeren. Dann gilt auch bis ins hohe Alter: Es ist eine Lust zu leben!

Den Jüngeren kann man nur zurufen: Zeigt unverhohlen Bewunderung für die Reife des Lebens, hört den Älteren öfter zu. Macht eure eigenen Erfahrungen, aber lernt die Geduld, die Beständigkeit und Verlässlichkeit der Älteren schätzen.

Erinnert sei in diesem Zusammenhang an das Grimm'sche Märchen vom alten Großvater und seinem Enkel: »Es war einmal« – ein ganz alter Mann. Seine Augen waren trüb, die Ohren taub und die Knie zitterten ihm. Wenn er nun mit der gesamten Familie bei Tische saß und den Löffel kaum halten konnte, schüttete er manchmal seine Suppe auf das Tischtuch. Sein Sohn und dessen Frau ekelten sich davor. Und deswegen musste sich der alte Großvater hinter den Ofen in die Ecke setzen. Sie gaben ihm sein Essen in ein irdenes Schüsselchen und noch dazu so wenig, dass er kaum satt werden konnte. Da sah er betrübt nach dem Tisch der anderen – und seine Augen wurden ihm nass. Als einmal seine zittrigen Hände das Schüsselchen nicht festhalten konnten, fiel es zur Erde – und zerbrach. Die junge Frau tobte. Er aber sagte nichts und seufzte nur.

Da kaufte sie ihm ein hölzernes Schüsselchen für ein paar Heller. Daraus musste er nun löffeln. Und während sie nun alle da so saßen, trug der vierjährige Enkel auf der Erde kleine Brettlein zusammen. »Was machst du da?« fragte der Vater. »Ich mach ein Tröglein«, antwortete das Kind. »Daraus sollt ihr dann essen, wenn ich einmal groß bin.« Da sahen sich beide eine Weile betroffen an, fingen plötzlich an zu weinen, holten sofort den alten Großvater an den Tisch und ließen ihn von nun an immer mitessen. Und sie sagten auch nichts, wenn er gelegentlich ein wenig verschüttete[2].

Vielleicht könnte eine moderne Version[3] auch so enden: Der alte Mann resignierte nicht und bekannte trotzig: »Lieber allein verhungern, als sich von seinen Kindern so behandelt sehen.« Darauf sahen sich Mann und Frau an, kamen ins Nachdenken und fingen endlich an zu weinen: »Wer wird denn für uns sorgen, wenn wir einmal nicht mehr arbeiten können?« In diesem Augenblick klingelte ein Versicherungsvertreter und bot ihnen einen inflationsstabilen Pensionsfonds mit garantierter

Rendite und niedrigsten Verwaltungsgebühren an. Der Sohn und seine Frau kauften sich von dem, was sie am alten Vater sparten, in den Pensionsfonds ein. Und fürderhin gingen sie jeden Feierabend nachsehen, ob hinterm Zaun bei den Nachbarn genügend Kinder aufwuchsen, die später für das viele schöne Geld Suppe für sie kochen könnten ...

Dieses »alte« Märchen ist insofern ganz modern, als der Generationenvertrag das Zusammenspiel zwischen drei (und nicht nur zwischen zwei) Generationen umschreibt: Die Großelterngeneration hat zeitlebens für die Elterngeneration gesorgt und möchte nun ihrerseits versorgt werden. In diesem Generationenpakt spielt die dritte, die Kindergeneration eine zentrale Rolle. Sie bringt nicht nur eine moralische Dimension ins Spiel. Sie macht die Eltern auch darauf aufmerksam, was sie erwartet, wenn sie sich weiterhin so verhalten. Das Vorleben der Elterngeneration wird normprägend für die Nachkommen nach dem jahrhundertealten »do-ut-des«-Prinzip: Ich gebe dir, damit auch du mir – später – gibst. Die Erwartung eines »Gleichgewichts des Gebens und Nehmens« bzw. von Leistung und Gegenleistung ist langfristig angelegt[4]. Sie begründet den Generationenpakt auf privater Basis.

> **Eine neue Lebensqualität kommt auf die Deutschen zu: Die Solidarität und Freundschaft der Generationen.**

Der demografische Wandel in Verbindung mit unsicheren Krisenzeiten hat zu einer grundlegenden Bedeutungsaufwertung der Generationenbeziehungen geführt. In der Tendenz zeichnet sich ein Wandel zur Drei- und Vier-Generationenfamilie ab. Die Übergänge und Grenzen zwischen einzelnen Lebensphasen werden fließender, weniger starr.

Aus dem dritten Lebensalter entwickeln sich die drei älteren Generationen 50plus, 65plus und 80plus.

Es deutet sich eine Rückbesinnung auf frühere Generationenbeziehungen des 17. bis 19. Jahrhunderts an, die auf emotionalen Bindungen beruhten. In früheren Jahrhunderten gab es ebenso dauerhafte wie intensive Beziehungen zwischen den Generationen[5]: Die mobilen Handwerksgesellen hielten auf ihrer Wanderschaft regelmäßige Kontakte zu ihren Eltern, tauschten Briefe aus und erhielten Geldsendungen. Auf dem Lande standen die Familien in ständiger Verbindung auch zu weit entfernt lebenden Kindern oder Eltern. Und im Arbeitermilieu des späten 19. Jahrhunderts wurden Eltern zur Versorgung und Betreuung in die Haushalte ihrer Kinder aufgenommen.

Gegenseitige Hilfe und Unterstützung wurde erwartet und als verpflichtend empfunden. Eine Unterstützungs- und Beistandspflicht war Norm und Leitbild zugleich – also mehr eine ökonomische und soziale Notwendigkeit und weniger die Folge einer Sehnsucht nach (groß-)familiärer Idylle. Auch die heutigen Generationenbeziehungen beweisen Stabilität und verlassen sich nicht nur auf die staatliche Fürsorge.

Ältere Menschen, die sich um Kinder und Enkelkinder kümmern, verlängern ihre Lebenszeit. Noch nie in der Geschichte der Menschheit hatte die Pflege der Generationenbeziehungen über zwei oder drei Generationen hinweg eine solche existentielle Bedeutung.

Generationenbeziehungen werden wichtiger als Partnerbeziehungen.

Generationenbeziehungen weisen ein höheres Maß an Stabilität auf und halten meist ein Leben lang. In die Zukunft projiziert: Die Drei-Generationen-Familie wird zur Wagenburg des 21. Jahrhunderts.

Die Älteren leisten erhebliche Transfers an ihre Kinder: Geld, Sachmittel und persönliche Hilfen. Die Schreckensszenarien, in denen die Jungen den Generationenvertrag einfach kündigen und die Alten zu sozial Obdachlosen ohne Zufluchtsort machen, entbehren jeder Grundlage. Die Alten leben nicht auf Kosten der Jungen, sondern leisten im Laufe ihres Lebens mehrfache Beiträge zum Erhalt des Generationenvertrags. Sie haben die Renten ihrer Vorgängergeneration finanziert und auch eigene Rentenansprüche erworben. Und sie erbringen im erheblichen Umfang zusätzliche finanzielle Transferleistungen für die Kinder und Enkel.

> Solidarität im 21. Jahrhundert heißt:
> sich weitgehend selber helfen, um anderen
> nicht zur Last zu fallen.

Die neue Solidarität und Freundschaft zwischen den Generationen ermöglicht Altwerden mit Familie und Freunden statt Einweisung ins Heim. Das bedeutet: In Zukunft ist eher bescheideneres Wohnen mit sozialer Lebensqualität als komfortableres Wohnen mit räumlicher Isolation gefragt.

Damit es sich lohnt, lange zu leben, muss die Lebensqualität (und nicht nur der Lebensstandard) erhalten und verbessert werden. Das ist mehr eine Frage des persönlichen und sozialen Wohlergehens und weniger eine Frage des Geldes. Die Zahl der gewonnenen Jahre, in denen die persönliche Lebensqualität nicht gemindert wird, steigt stetig.

Was bisher eine Seltenheit war, wird bald zur Normalität: die Drei-bis-Vier-Generationen-Familie.

Beinahe in jeder Grundschulklasse gibt es Kinder, »die noch eine Ur-Großmutter besitzen. Bei der Einschulungsfeier sitzen mehr Großeltern als Geschwister auf den Bänken«[6]. Es überschneiden sich die Lebenszeiten der Generationen, während sie früher aufeinander folgten. Aus der Sicht der modernen Familienforschung kann geradezu von einer Revolution der Lebenszeit gesprochen werden.

Aufgrund der gestiegenen Lebenserwartung dauern heute Großeltern-Eltern-Kind-Enkel-Beziehungen ein Leben lang, d.h. sie müssen vierzig bis fünfzig Jahre halten. So kommt es zu völlig veränderten Lebensverläufen. Noch vor hundert Jahren beinhalteten fünfzig Lebensjahre 35 Berufsjahre. Heute und in Zukunft stellen die etwa 35 Berufsjahre nur mehr den kleineren Teil eines teilweise bis zu neunzigjährigen Lebens dar.

Die soziale Mobilität und Unverbindlichkeit des Lebens im 20. Jahrhundert hat längst ihren Höhepunkt überschritten. In den ökonomisch und sozial unsicheren Zeiten des 21. Jahrhunderts können die Menschen Sicherheit und Geborgenheit nur noch erfahren, wenn sie sich auch für andere verantwortlich fühlen, statt immer nur zu betonen, was sie voneinander trennt. Die Solidarität und nicht die Kluft zwischen den Generationen ist gefragt.

Die neue Basis für den Zusammenhalt der Generationen lautet: Vertrauen, Verantwortung und Verlässlichkeit.

Im 21. Jahrhundert entwickeln sich zunehmend Viergenerationenfamilien mit einer neuartigen Beziehungsdynamik zwischen den einzelnen Familienmitgliedern. Die frühe Großmutterschaft[7] und die Entwicklung von sogenannten »bean pole«-Familien (die Familienstruktur gleicht einer Bohnenstange: lang und schmal) verwischen die trennenden Grenzen zwischen den Generationen. Die Familiengröße wird eher kleiner, aber die (Mehr-)Generationenfamilie im Hinblick auf die gleichzeitige Präsenz verschiedener Generationen nimmt an Bedeutung zu. Vieles deutet auf eine neue Solidarität zwischen den Generationen hin. Die Älteren in der Familie intensivieren dabei aktiv den Familienzusammenhalt: Sogar mit ihren 80 Jahren hält sie die Familie zusammen[8] und sorgt so für eine rituelle Solidarität.

> Die Enkel-Generation erlangt eine Bedeutung, die teilweise über die des Freundeskreises hinausgeht.

Im höheren Lebensalter gewinnen Kontakte zu Kindern und Enkeln eine Bedeutung, die keine andere Gruppe (Freunde, Nachbarn, Verwandte, Arbeitskollegen u.a.) auch nur annähernd erreicht oder gleichwertig ersetzen kann. In die Zukunft projiziert bedeutet dies: »Je älter man wird, umso wichtiger wird die nachwachsende Generation.«[9]

Die vertikalen Familienbeziehungen von Jung bis Alt haben eine größere Bedeutung als die horizontalen. Das trifft insbesondere für die persönliche Hilfeleistung, Unterstützung und Fürsorge zu. Die demografische Entwicklung bringt derzeit das gewachsene Generationengefüge durcheinander und spaltet die Gesellschaft in die Welt der Jüngeren und die Welt der Älteren: Letztere gleichen einer »Lifelong-Generation« zwischen Älterwerden und Altsein, Hochaltrigkeit und Langlebigkeit.

Generationenbeziehungen werden wichtiger als Beziehungen zu Geschwistern, Cousinen und Vettern.

Eine mit Mitteln des Bundesministeriums für Familie, Senioren, Frauen und Jugend (BMFSFJ) geförderte wissenschaftliche Erhebung hat die Alternsprozesse der deutschen Bevölkerung untersucht[10]. Das Forscherteam gelangte zu dem Ergebnis: Alle Lebensalter erhalten ein neues Gewicht. Zum Strukturwandel der Gesellschaft gesellt sich ein Bedeutungswandel des Alterns und Alters.

Der Volksmund lästert: Der Vater erstellt's. Der Sohn erhält's. Beim Enkel zerschellt's. Moderne Trendforscher beklagen provozierend das Gegenteil: »Die Jungen werden von den Älteren ausgebeutet«, so heißt es – mit der Konsequenz, dass sich die Jungen verweigern und in die innere Emigration zurückziehen. Gemeint sind Schwarzarbeit und Steuerhinterziehung als »Ausdruck eines verdeckten Generationenkampfes«[11]. Und auch die Solidarität zwischen den Generationen soll längst gestorben sein: »Eine Idee ist am Ende. Die Familie ist tot. Sie war ein Dach über den Generationen ...«[12]. Dieser familiäre Abgesang aus der Sicht des Theologen Gronemeyer hat die Rechnung ohne die Menschen gemacht. Die soziale Katastrophe findet nicht statt.

Das Dach über den Generationen ist nicht zerstört. Die Generationen finden wieder zueinander.

Die Generationen stehen am Anfang einer neuen Sinnsuche, stützen einander – weniger über Tradition und Religion als vielmehr durch die alltägliche Erfahrung: Wir helfen euch, damit auch ihr uns helfen könnt. Gelebter Gemeinsinn und pragmatische Solidarisierung sind das neue Fundament für die Gesellschaft des 21. Jahrhunderts.

Gelebte Solidarität ist kein Relikt aus vergangenen Zeiten, sondern eher ein Produkt des 21. Jahrhunderts. Sie basiert auf freiwillig eingegangenen Verpflichtungen. Sie nimmt nicht ab, sondern zu – an Zahl, Reichweite und auch an Dauerhaftigkeit[13]. Die Generationenfamilie ist mittlerweile zur bedeutendsten Quelle von Solidarleistungen geworden.

Resümee: Die Älteren leben nicht auf Kosten der Jüngeren, sondern leisten im Laufe ihres Lebens mehrfache Beiträge zum Erhalt des Generationenvertrags. Sie haben die Renten ihrer Vorgängergeneration finanziert, sie haben eigene Rentenansprüche erworben und sie erbringen in erheblichem Umfang zusätzliche finanzielle Transferleistungen für die Kinder und Enkel. Der Zusammenhalt ist allerdings keine Einbahnstraße.

Eltern leisten siebenmal so viele Geldzahlungen an ihre erwachsenen Kinder als sie je von diesen zurückerhalten.

Dafür ist das Verhältnis im Bereich der persönlichen Hilfen ausgeglichen. Auch in der Familie hilft man sich auf Gegenseitigkeit. Und für Menschen im hohen Alter ist die persönliche Hilfe durch die Familie um ein Vielfaches mehr wert als das Geld, das sie den Jüngeren schenken oder hinterlassen. So können sie ihre eigene Lebensqualität sichern.

11. Generation Superior
LEBEN IM ZEITWOHLSTAND

Wir haben beim Lesen arabischer Märchen beständig das sehnsüchtige Gefühl: »Diese Leute haben Zeit! Massen von Zeit! Sie können einen Tag und eine Nacht darauf verwenden, ein neues Gleichnis für die Schönheit einer Schönen oder für die Niedertracht eines Bösewichts zu ersinnen! Sie sind Millionäre an Zeit!« Das schrieb Hermann Hesse am 28. Februar 1904 in der Neuen Züricher Zeitung. Hesse lieferte die Begründung gleich mit: »Wenn ich nicht im Grunde ein sehr arbeitsamer Mensch wäre, wie wäre ich je auf die Idee gekommen, Loblieder und Theorien des Müßiggangs auszudenken.« In der Tat: Der geborene Müßiggänger denkt nicht über Muße nach – er hat sie.

**Leben im Zeitwohlstand:
Die Senioren sind die neuen Millionäre an Zeit.**

Die Kunst des Faulenzens, das Nichtstun mit Methode und großem Vergnügen zu pflegen, ist im Industriezeitalter außer Übung geraten. Hunger und Sehnsucht nach Zeit fanden noch Ende des 19. Jahrhunderts in Richard Dehmels Gedicht »Der Arbeitsmann« (1896 vom »Simplicissimus« als das »beste sangbare Lied aus dem deutschen Volksleben« preisgekrönt) ihren sinnfälligen Ausdruck.

Der Arbeitsmann (1896)
Wir haben ein Bett, wir haben ein Kind,
Mein Weib!

Wir haben auch Arbeit, und gar zu zweit.
Und haben die Sonne und Regen und Wind.
Uns fehlt nur eine Kleinigkeit,
Um so frei zu sein, wie die Vögel sind:
Nur Zeit!

Das Gedicht könnte im 21. Jahrhundert aber auch so lauten:

Der Ruheständler (2016)
Wir haben ein Hobby, ein Auto und viele Freunde,
Mein Weib!
Wir treiben auch Sport, und gar zu zweit.
Und können gut leben, weil wir fast sorgenfrei sind.
Uns fehlt nur eine Kleinigkeit,
Um so frei zu sein, wie die Vögel sind:
Nur Zeit!

Die Hoffnungen, den Ruhestand in Ruhe zu genießen, erfüllen sich nicht von selbst. Viele können nur noch neidisch auf frühere Kulturen zurückblicken, die im Zeitwohlstand lebten und sich eine »mañana«-Mentalität leisten konnten: Morgen ist auch noch ein Tag. Senioren aber haben heute ständig das Gefühl, morgen könnte es bereits zu spät sein: Genieße das Leben jetzt. Sie nutzen die Zeit mehr, als dass sie sie verbringen.

Die Neuen Senioren neigen im Vergleich zu früheren Generationen mehr zu Glorifizierungstendenzen.

Das zurückliegende Arbeitsleben wird von ihnen offenbar als so belastend und problematisch empfunden, dass der Ruhestand geradezu als Eintritt in die Welt einer neuen Freiheit gefeiert wird. Diese Senioren sind kaum noch »mit dem Herzen« bei ihrer ehemaligen Arbeit. Die Ruhestandszeit wird von ihnen geradezu als Entlastungszeit erlebt, so als ob ein schwerer Druck von ihrer Seele genommen wird: Sie müssen jetzt nicht mehr nach der Uhr leben.

Mit der wachsenden Produktivität in der modernen Arbeitswelt haben auch mehr Tempo, Hektik und Stress Einzug gehalten. Diese Entwicklung zeichnete sich bereits Ende der neunziger Jahre ab. Im Vergleich dazu erschien die Arbeitsbelastung in den achtziger Jahren fast wie eine Idylle. Damals empfand gerade einmal jeder Fünfte den Ruhestand als eine »Zeit, in der man tun und lassen kann, was man will«. Heute gibt jeder Zweite an, »spontan das zu tun, wozu er gerade Lust hat«.

Die Freiheitsgrade nehmen im Alter zu: Senioren können mehr aus ihrem Leben machen.

Die ältere Generation empfindet ihre neue Lebenssituation beinahe als »Freiheit pur«. Ansprüche auf ein eigenes Leben werden angemeldet. Früher waren Ruheständler schon froh, wenn sie nicht mehr zu arbeiten brauchten; heute stellen sie geradezu Forderungen an die neue Lebensphase. Früher betonten die Ruheständler mehr die Befreiung vom Arbeitszwang; heute begreifen sie die nachberufliche Lebensphase positiv als Chance und Aufgabe.

Das Typische des Lebens im Alter unterliegt einem deutlichen Wandel. Im Vergleich zu früher trägt die heutige Senioren-Generation weniger die Züge einer Frühstücksgesellschaft: In den achtziger Jahren war das gemütliche und ausgiebige Frühstücken einer der Höhepunkte des ganzen Tages, der einerseits auf Verweilen ausgerichtet, andererseits aber auch minutiös festgelegt war: »Mann holt Brötchen, Frau kocht inzwischen Kaffee.« – »Ohne Frühstücksei ist der ganze Tag nichts wert.« Drei Viertel der Ruheständler fühlten sich seinerzeit bei diesem Frühstücksritual besonders wohl.

Auf den ersten Blick muss das Leben im Alter wie eine Endlosschleife erscheinen – die unendlichen Wiederholungen des immer Gleichen, in denen alle Tage zu einem schrumpfen: jeden Morgen die gleiche Sorte Tee oder Kaffee trinken, die einmal abonnierte Zeitung lesen, zur gleichen Zeit mit den gleichen Alltagsbeschäftigungen beginnen und abends im Fernsehen einen alten Film sehen und sich erschrecken, weil man sich nur noch an Bruchstücke erinnern kann. »Ach Glück« nennt das die Schriftstellerin Monika Maron in ihrem gleichnamigen Roman und beschreibt die Tage, Monate und Jahre, die sich »wie eine Folie« über ein altes vollkommen gleiches Muster legen[1]. Das ist die eine, die ganz alltägliche Sicht- und Erlebnisweise. Die andere deutet auf ein neues Gefühl hin, dass unser wirkliches Leben jetzt erst richtig beginnt.

> **Eine neue »Generation Superior« entsteht: Sie hat keinen langen Atem mehr für das bloße Nichtstun.**

Stattdessen heißt es immer öfter: »Carpe diem« – nutze den Tag! Die Anforderungen des modernen Lebens machen auch vor dem »Ruhe«-Stand nicht Halt. Infolgedessen investiert die Generation Superior mehr Zeit in Unternehmungen mit der Familie und in Aktivitäten beim Sport. Auch für den Medienkonsum nimmt sie sich mehr Zeit.

Das Ruhestands-Modell früherer Jahrzehnte hat sich im 21. Jahrhundert überlebt: höhere Bildung, bessere Gesundheit sowie ein vielfältigeres Interessen- und Aktivitätsniveau haben eine ganz neue Qualität des Älterwerdens geschaffen. Trendforscher haben für dieses ganz andere Altern längst einen Begriff kreiert: »Best Ager« als Bezeichnung für Menschen im besten Alter. Aus dem Unwort »Alt« ist ein neues Zauberwort geworden.

»Ich will mehr Zeit für mich« – diese Forderung gab es bisher fast nur bei Frauen. In den letzten Jahren wurden auch Männer sensibler und übernahmen weibliche Lebensziele, so dass Privates wieder genauso wichtig wie Berufliches wird. Das Privatleben verliert seinen Inselcharakter. Diese neue Karriaregeneration wählt die Form der sanften Karriere, will ebenso leistungsmotiviert, zielstrebig und erfolgsorientiert sein, lässt sich aber nicht mehr nur von »harten Prinzipien« wie Geld, Macht und Aufstiegsstreben leiten. Sie hat Freude am Erfolg und an der Verwirklichung eigener beruflicher Vorstellungen.

Im Zeitvergleich zu den achtziger und neunziger Jahren ist feststellbar, dass die »Neuen Alten« des 21. Jahrhunderts im Hinblick auf
- familiäre und soziale Kontakte sowie
- Mobilität und außerhäusliche Unternehmungen

deutlich höhere Ansprüche an ihr Leben stellen. Sie legen mehr Wert auf das Zusammensein mit Freunden und das gemütliche Zusammensitzen und Unterhalten. Darüber hinaus gehören für sie zur neuen Qualität des Ruhestandslebens ganz selbstverständlich Ausgehen (z.B. Kneipe, Restaurant) sowie Unternehmungen aller Art.

Gesucht wird ein Leben in der Balance zwischen Familienorientierung und Unternehmungslust, Ausgehen und Ausschlafen, Reisen und Zur-Ruhe-Kommen. So will die neue Seniorengeneration eigentlich leben. An der Klarheit der formulierten Lebensziele mangelt es nicht, allenfalls an der Kraft und Kompetenz, diese Ziele gegen alle Widerstände (vor allem gegen das eigene Phlegma) auch durchzusetzen.

In der Öffentlichkeit wird viel von der drohenden Altersarmut gesprochen und nur wenig vom Wohlstand im Alter. Um es deutlich zu sagen: Altersarmut ist eine gesellschaftliche Herausforderung der nächsten drei Jahrzehnte, aber kein drängendes Problem der Gegenwart. Nur jeder Siebte der älteren Bevölkerung ab 65 Jahren stuft sich auf der unteren Wohlstandsskala (1 bis 4) ein, mehr als dreimal so viele dagegen ganz oben. Es gibt kaum eine andere Bevölkerungsgruppe in Deutschland, die so viel und vielfältig an der Wohlstandsentwicklung teilhaben kann. Aus der Generation 65plus ist eine »Generation Superior« geworden[2].

Die Generation Superior genießt derzeit am meisten die Segnungen und neuen Freiheiten des Wohlstandslebens.

Nicht nur, dass sie als Rentner und Pensionäre mehr Zeit für sich haben und mehr machen können, was sie wollen als der Durchschnitt der Bevölkerung. Auch in anderen Bereichen ist diese Generation im Vorteil. Sie lebt
- mehr in Frieden mit ihren Mitmenschen
- besitzt mehr Eigentum (Haus, Wohnung, Auto) und
- kann finanziell sorgenfreier leben.

Und schließlich freuen sich derzeit fast alle über ihre »sichere Rente«, während sich nur jeder zweite Bundesbürger seines regelmäßigen Einkommens wirklich sicher ist. Andererseits haben die Alten weniger soziale Kontakte und fühlen sich deutlich weniger gesund. Letzteres ist ein Tribut, den sie für ihre hohe Lebenserwartung zahlen müssen. Die Bilanz ihres Lebens aber kann sich sehen lassen. Ihre Risikofaktoren konzentrieren sich auf Krankheit und Kontaktarmut. Dafür aber erleben und genießen ihre neuen Freiheiten und ein hohes Maß an Lebensqualität.

> Hohe Altersarmut ist heute noch eine Legende. Sie wird erst bei den künftigen Generationen Wirklichkeit.

Das Statistische Bundesamt kommt in seinen Erhebungen über die Generation 65plus zu dem Ergebnis: Die über 65-Jährigen sind im Vergleich zur übrigen Bevölkerung am wenigsten von erheblichen materiellen Entbehrungen betroffen. Die Generation 65plus ist nachweislich weniger armutsgefährdet (2009: 15,0% - 2013: 14,9%) als alle übrigen Bundesbürger (2009: 15,5% - 2013: 16,1%), deren Armutsrisiko eher zunimmt. Die Rentnerwirklichkeit von heute hat also mehr mit Wohlstand als mit Notstand zu tun. Die überwiegende Mehrheit der Senioren sorgt sich weder um Geld und Überleben, noch hat sie Angst vor sozialer Ausgrenzung.

Insbesondere ihr Gesamtwohlstands-Niveau – ökonomisch, ökologisch, gesellschaftlich und individuell – liegt nach eigener Einschätzung weit über dem Durchschnitt der Bevölkerung. Höhere Bildung, bessere Gesundheit und vielfältigere Interessen in Verbindung mit einem finanziell abgesicherten Ruhestand haben eine neue Qualität des Älterwerdens geschaffen. Diese neue »Generation Superior« kann und will mehr aus ihrem Leben machen und ist für Politik und Wirtschaft in dieser Hinsicht eine mindestens ebenso wichtige »werberelevante« Zielgruppe wie die 14- bis 49-Jährigen.

> Gelassen in den Tag hineinleben können: die Lebensphilosophie der Generation Superior.

Die Generation Superior hat eine eigene Lebensphilosophie entwickelt, die durchaus Züge einer Mußekultur trägt. Fast schwärmerisch und poetisch muten die Bilder an, die dieses Lebensgefühl umschreiben:
- »Im Gras liegen, alle Viere von sich strecken und die Wolken beobachten«.
- »Die Seele baumeln lassen«.
- »Den lieben Gott einen guten Mann sein lassen«.
- »Weggehen – und meine Uhr nicht mitnehmen«.

Viele leben in den Tag hinein und vergessen die Zeit und die Uhr. Im Vergleich zur Ruhestandsgeneration früherer Zeiten leistet sie sich deutlich mehr den Zeit-Luxus, sich treiben zu lassen. Und das, was eigentlich ein Wesensmerkmal der Jugend ist, wird zunehmend auch von ihr gelebt: Spontaneität. Sie lebt mehr aus dem Augenblick heraus, kann Zeit genießen oder verschenken: »Gott sei Dank, der Stress ist vorbei«. Die Lebenskunst, sich treiben zu lassen, will allerdings auch gelernt sein.

Für manche wird die Muße zum Muss, damit der Zeit-Brei Struktur, Kontur und Sinn bekommt.

Immer öfter verstehen Ruheständler das Leben als Aufgabe und »Freiheit für etwas«. Der Freiheitsgewinn soll »sinnvoll« in Selbstverantwortung gestaltet werden. Das Problem der Sinngebung und Eigenverantwortlichkeit potenziert sich bei ihnen und hat fast den Charakter eines Erfolgszwangs. Die Freiheit wird zu einer ernsten Sache, einer Aufgabe, die »angepackt«, »eigengestaltet« und »selbst bestimmt« werden muss: »Am besten macht man sich einen Stundenplan.«

Dagegen gehen sie mit den Begriffen Spontaneität und Sich-treiben-Lassen relativ vorsichtig um. Offenbar wird hier eine Umkippgefahr ins Haltlose und Strukturlose befürchtet. Sicher: Am Anfang dominieren die neue Selbstständigkeit und damit die Euphorie über die Emanzipation vom Wecker – das Wegfallen von Zeitdruck, Terminplänen, Hektik und Leistungszwang. Sie genießen die neue Freiheit im Bewusstsein, die Ruhe verdient zu haben. Gleichzeitig aber wächst auch die Einsicht:

Die neue Freiheit hat zwei Gesichter: Befreiung vom Zwang zur Arbeit und Aufforderung zur Gestaltung.

Jeder ist für die Gestaltung und damit letztlich auch Sinngebung seines Lebens selbst verantwortlich. Weder Chefs noch Berufs- und Standesregeln bestimmen, was sie tun und lassen sollen oder richten über den Wert ihres Tuns. Der Einzelne muss sowohl die Rolle der Legislative als auch der Exekutive für seine Lebensführung übernehmen. Für beide Aufgaben ist er denkbar schlecht gerüstet. Folglich braucht er Krücken. Zwei Übergangsphasen helfen hier weiter.

Erste Übergangsphase: flüchten. Ein probater und häufig praktizierter Weg, mit der neuen Situation fertig zu werden, ist das Urlaubsspiel: Man stellt sich vor, man wäre im Urlaub. Man benutzt ein Verhaltensschema, das man kennt und das sich bewährt hat: lange schlafen, gemütlich frühstücken, spazieren gehen, einen Ausflug oder eine »richtige Urlaubsreise« machen. Man praktiziert nicht nur Urlaub, man vertritt auch voll die dazugehörige Urlaubsphilosophie. Alles ist »fantastisch«, »toll«, »wie im Märchen«, »ein Traum«. Man neigt zur Glorifizierung.

Die ersten Tage des Ruhestandes werden wie »Quasi-Ferien« erlebt – als gute Überbrückungshilfe.

Zweite Übergangsphase: strukturieren. Mehr oder weniger schnell und bewusst wird versucht, die scheinbar ›grenzenlose Freiheit‹ zu strukturieren und ihr eine feste Form zu geben. Die selbstgeschaffene Struktur ähnelt in Form und Inhalt stark den bisher benutzten Steuerungshilfen: Es werden regelrechte Stundenpläne aufgestellt, die Tätigkeitsbereiche in der Familie in Verantwortungssphären gegliedert (Hausarbeit, Behördengänge usw.). Das Endergebnis ist in den meisten Fällen eine klare, feste Tagesablauf-Reglementierung. Nicht Laissez-Faire, Spontaneität oder gar Faulenzen sind die Devise, sondern geordnete Verhältnisse. Die neue Lebensstruktur bietet sowohl Stabilität als auch Zufriedenheit. Folglich hängt man an den neuen Gepflogenheiten und zelebriert sie zum Teil wie Rituale (z.B. das Frühstücken oder das Zeitunglesen). Störungen dieser Rituale lösen Verwirrung und Verstimmung aus.

Die meisten fühlen sich nach dem Ende des Erwerbslebens rundum befreit – »frei wie ein Vogel«.

Sie sind den ständigen Termindruck los. Sie fühlen sich beschwingt und heiter: »Habe den ganzen Tag geträllert.« »Ein Gefühl wie Weihnachten« oder »wie Ostern und Pfingsten an einem Tag«. Sie sind auf sich selbst stolz, »so lange gearbeitet« und es »geschafft zu haben«. In den Stolz mischen sich Neugierde und Gespanntheit auf das neue Leben.

Der Übergang vom Arbeitsleben zum Ruhestand kommt einem Schwebezustand gleich. Die Betroffenen befinden sich in einer ambivalenten Stimmung: Sie wissen wohl, was sie erwartet, aber sie ahnen nicht, was sie dabei fühlen werden.

Eine Erfolgsstrategie im Ruhestand lautet: den Alltag zum Ritual machen! Es ist der Versuch, den Zeit-Brei des Tages so zu strukturieren, dass fast Alltägliches zum Zeremoniell wird: »Ich habe den Wecker gestellt, am Morgen draufgehauen und laut Feierabend gerufen« oder: »Frühstück immer um 9.00 Uhr. Zeitunglesen bis 10.30 Uhr. Anschließend Einkaufen. 13.00 Uhr Mittagessen. Dann Mittagschlaf bis 15.00 Uhr. Na, und so weiter ...« Ritualisierung und Strukturierung helfen, das Zeit-Korsett im Rhythmus von Arbeit und Feierabend zu ersetzen.

Im Ruhestand wollen viele den Wecker, das Symbol für Fremdbestimmung, durch die innere Uhr ersetzen.

Die Erwartungen der Noch-Berufstätigen sind ganz auf Aktivitätsvielfalt im Out-door-Bereich fixiert. Die Berufstätigen stellen sich einen erlebnisreichen (Un-)Ruhestand voller Aktivität und Mobilität vor. Doch die Wirklichkeit hinkt deutlich den Wünschen hinterher. Die Unternehmungslust wird nicht in die Tat umgesetzt, weil es an Eigeninitiative mangelt. Fast alle Berufstätigen planen, im Ruhestand auf die große Reise zu gehen. Wenn es dann soweit ist, bleiben die meisten zu Hause.

Nicht realisierte Traumreisen sind psychologische Realität – als Idee für das, was das Leben lebenswert macht.

Senioren in der nachberuflichen Lebensphase sind durch geltende Normen und Idealbilder vom Ruhestand geprägt. Viele machen sich dabei zu wenig bewusst, dass die Verwirklichung dieser Träume an Jugend bzw. an Merkmale von Jugendlichkeit (z.B. Abenteuerlust, Mobilität, Gesundheit) gebunden ist. Der ewige Traum von der großen Reise ist das beste Beispiel hierfür. Fast alle hegen und pflegen solche Reisevisionen. Sie planen und unternehmen sie immer wieder – in der Fantasie und mit dem Finger auf der Landkarte. Sie geben sich zufrieden mit der Rolle von Sofatouristen, die praktische Realisierungsabsichten längst nicht mehr haben.

Ähnliches gilt für alle anderen großen Pläne. Sie erfüllen ihren Zweck, indem sie ganz einfach die Freude am Leben steigern und innerlich mobil halten. Was einer Realisierung am meisten entgegensteht, ist das eigene Phlegma: der Mangel an Eigeninitiative und der Hang zur Bequemlichkeit. Es sind weniger finanzielle Gründe oder gesundheitliche Einschränkungen. Diese Diskrepanz ist den meisten durchaus bewusst, doch sie entwickeln Lebenstechniken, die unerfüllte Wünsche verdrängen helfen. Dieses Arrangement mit sich selbst gelingt so weit, dass sie sich glücklich und zufrieden fühlen können.

Andererseits ist schon bemerkenswert, wie aufgeschlossen die Generation 65plus für die neuen Informationstechnologien ist. Der Anteil der Computernutzer ist nach den Erhebungen des Statistischen Bundesamts stark steigend (2010: 48,9% - 2014: 57,2%). Keine andere Bevölkerungsgruppe kann im IT-Bereich in den letzten Jahren einen so hohen Zuwachs (+8,3 Prozentpunkte) verzeichnen, was in gleicher Weise für die Internetnutzung (+10,0 Prozentpunkte) gilt. Die Zwei-Klassen-Gesellschaft von Medien-Freaks und Medien-Analphabeten, »Usern« und »Losern« gehört der Vergangenheit an.

12. Länger arbeiten können
LEBEN IST DIE LUST ZU SCHAFFEN

Mit Vollgas auf Stillstand? Das gehört bald der Vergangenheit an. 2005 waren nur sechs Prozent der 65- bis 69-Jährigen erwerbstätig. Mittlerweile hat sich die Quote mehr als verdoppelt (13,8% - in der EU: 11,5%). Länger im Job und aktiver denn je: Das ist der stabile Trend für die nahe Zukunft. 17 Millionen Bundesbürger sind derzeit 65 Jahre alt oder älter – das sind 21 Prozent der Bevölkerung in Deutschland. Das Statistische Bundesamt geht davon aus, dass bis 2060 der Anteil der über 65-jährigen Bevölkerung auf 33 Prozent steigen wird. Mit 65 Jahren hört dann für viele das Arbeitsleben nicht auf. Und nicht wenige starten sogar neu durch: Comeback mit 65.

Zum demografischen Wandel in der Gesellschaft gesellt sich in den nächsten zwanzig Jahren ein grundlegender Beschäftigungswandel in der Arbeitswelt. Dann heißt es nicht mehr: »Mit 50 zum alten Eisen«, sondern: »Re-Start mit 50!« Die Wirtschaft braucht wieder ältere Arbeitnehmer. Die 50plus-Generation bekommt ihre zweite Chance. Die sogenannten »Best Ager« werden als unverzichtbare Mitarbeiter wiederentdeckt. Sie werden »Silver Worker« und nicht nur »Master Consumer« sein.

Nach Erfahrungen des Deutschen Industrie- und Handelskammertags (DIHK) gelten ältere Arbeitnehmer als hoch spezialisierte Wissensträger, die nicht ohne weiteres zu ersetzen sind – auch ein Grund dafür, warum sich die Wirtschaft so vehement gegen die Einführung einer »Großelternzeit« wehrt, nach der ältere Arbeitnehmer eine Auszeit bis zu drei Jahren nehmen können. Die Wirtschafts- und Arbeitswelt wird von der doppelten Erfahrung profitieren:

Gelassenheit und Beständigkeit halten wieder Einzug in das Arbeitsleben.

Die Nachhaltigkeit ist wieder mehr gefragt als die Kurzfristigkeit – mehr langfristige strategische Planung, weniger kurzfristiges Renditedenken in Quartalsberichten, mehr abwägende Sicherheitsüberlegungen als riskante Schnellschüsse. Und Persönlichkeitsmerkmale werden wieder mindestens so hoch bewertet wie fachliche Spezialisierungen. Und es wird weniger Klagen über soziale Kälte in den Betrieben geben.

Die aktuelle Entwicklung spricht für die prognostizierte Trendwende zum »Re-Start« mit 50 oder 60: Nach den vorliegenden Daten der Bundesagentur für Arbeit hat sich allein der Anteil der 60- bis 65-jährigen Beschäftigten in den letzten fünf Jahren auf über achtzig Prozent erhöht. Der Trend stabilisiert sich:

Die Deutschen gehen immer später in Rente – trotz der »Rente mit 63«.

Vorgezogener Renteneintritt ist nicht mehr in. Die Wirtschaft signalisiert: Ältere Arbeitskräfte sind so gefragt wie nie. In keinem anderen Land der Europäischen Union – außer in Schweden – sind Ältere besser in den Arbeitsmarkt integriert als in Deutschland. Die Wirtschaft macht geradezu einen Strategiewandel durch und nimmt Abschied vom Jugendwahn des 20. Jahrhunderts. Die Rentner werden zu Trendnern eines aktiven Arbeitslebens.

Im Jahre 1902 wurde von der Schwedin Ellen Key[1] das »Jahrhundert des Kindes« ausgerufen – kommt nun das Jahrhundert der Senioren? Der demografische Wandel hat die Altersgrenze verschoben. Die offizielle Altersgrenze steht nur noch auf dem Papier. Wenn die Lebenserwartung weiter so kontinuierlich ansteigt, gilt man im Jahr 2030 vielleicht erst mit 81 oder 83 Jahren als alt. Das ist die Realität: Die gesetzliche Altersgrenze wird von immer mehr Menschen als Zwangsrente mit Fallbeilcharakter empfunden.

Die Bürger wollen in Zukunft ihre Altersgrenze selbst bestimmen und den Übergang flexibel gestalten.

Die meisten Berufstätigen in Deutschland sind heute schon bereit, freiwillig über das 65. Lebensjahr hinaus zu arbeiten oder wieder zu arbeiten, wenn sie dadurch ihre Rente aufstocken können. Dieser Wunsch nach Rentenerhöhung und Zuverdienst wird von allen Berufsgruppen gleichermaßen geäußert. Die Beschäftigten wollen einerseits mehr Geld zum Leben haben, aber auch im Alter weiter gebraucht und gefordert werden, also gesellschaftlich wichtig bleiben.

Die gesetzliche Rente reicht in Zukunft nicht mehr aus, um Altersarmut zu verhindern. Die politische Konsequenz ist klar: Der beste Weg zur Bekämpfung von Altersarmut ist eine möglichst lange Beschäftigung, weil aus der gesetzlichen Rente allein der gewohnte Lebensstandard nicht mehr gehalten werden kann.

Eine wachsende Zahl von Älteren wird in Zukunft weiter arbeiten müssen und weiter arbeiten wollen.

Das norwegische Modell ist wohl zukunftsweisend: Norwegen bietet seinen Beschäftigten für das Renteneintrittsalter ein flexibles Zeitfenster zwischen 62 und 75 Jahren an. Weil die Menschen immer älter, gesünder und gebildeter werden, wächst auch ihre Produktivität im Alter.

Erwerbsarbeit ist dabei für Ruheständler lediglich Mittel zum Zweck und nicht mehr höchster Lebenszweck. Im Zentrum stehen außer- und nachberufliche Lebensleistungen im Familien- oder Freundeskreis, im Sport oder im sozialen Engagement. Der Leistungsbegriff wird quantitativ und qualitativ erweitert und die alte Berufsethik wandelt sich zu einer Gleichgewichtsethik von Leistung und Lebensgenuss. Die Grenzen zwischen Erwerbs- und Eigenarbeit, Hand- und Heimwerken verwischen sich. Viele Rollen sind bei den Ruheständlern vereinigt: mal Werk- oder Freizeittätige, mal Jobholder oder Jobsharer.

Ruheständler wollen Herr über ihre eigene Lebenszeit und keine ›getarnten Arbeitstiere‹ sein. Der Gewinn von Zeitsouveränität und Freude am Leben ist für sie unverzichtbar.

Für Ruheständler kann die Bezahlung mit Lebenssinn genauso wichtig wie die Bezahlung mit Einkommen sein.

Die Begründung für die hohe Leistungslust im Alter liegt auf der Hand: Die Passivität und Untätigkeit des Menschen ist nicht im Plan der Schöpfung vorgesehen. Der Mensch ist eher als gefährdetes Wesen geschaffen, das um sein Überleben kämpfen muss wie andere Lebewesen auch. Aus der Sicht der Evolutionsbiologie ist der Mensch geradezu auf Anstrengung programmiert[2], auf den ganzen Einsatz seiner Kräfte. Hingegen führt Lust ohne Anstrengung zu Langeweile oder gar Selbstzerstörung.

Der Mensch kann auf Dauer nicht untätig in seinen eigenen vier Wänden verweilen. Er braucht eine Aufgabe.

Ruheständler, die nicht mehr arbeiten »müssen«, verbinden mit dem Begriff Leistung weitgehend positive Assoziationen:
- Arbeit leisten
- Produktives leisten
- Praktische Hilfe leisten
- Kreatives leisten
- Soziale Dienste leisten
- Freiwillige Engagements leisten.

Der Wille zur Leistung scheint den Menschen buchstäblich »in die Wiege gelegt«[3] worden zu sein. Leistungslust und Lebenslust gehören zusammen. Jahrzehntelang daran gewöhnt, Leistungen nur daran zu messen, ob sie beruflich verwertbar sind oder sich in barer Münze auszahlen, ergeben sich nun auch im Alter Chancen für Leistungspotenziale, die sich in sozialen Erfolgserlebnissen verwirklichen lassen. Damit können soziale Leistungen im zwischenmenschlichen Bereich wieder stärker zum Zuge kommen wie z.B. Freundlichkeit, Rücksichtnahme und Hilfsbereitschaft.

Arbeit ohne Lust und Freizeit ohne Leistung kann der Mensch auf Dauer nicht ertragen.

Prinzipien wie Spaß am Tun und an einer sinnvollen Aufgabe, Suche nach Erfolgserlebnissen sowie Stolz auf die Anerkennung durch andere verändern das Leistungsverständnis: Einen eigenen Lebensstil entwickeln und kultivieren, soziale Kontakte und Beziehungen ausbauen, sich produktiv betätigen, praktische Nachbarschaftshilfe leisten, an der Verbesserung und Gestaltung des Wohnumfelds mitwirken, eigene Lebensziele verwirklichen, soziale Aufgaben wahrnehmen, sich einer Initiative anschließen, einen Verein gründen – dies alles sind Leistungen, die einerseits mit persönlicher Selbstdarstellung verbunden sind und soziale Anerkennung ermöglichen und andererseits Erlebnisqualitäten beinhalten und das persönliche Wohlbefinden fördern helfen.

Weil Leistung nicht nur als Ergebnis (von anderen!) gemessen, sondern auch als Erlebnis (selbst!) erfahren werden kann, kommt es nicht zum Bedeutungsverlust, sondern zur Bedeutungserweiterung der Leistung. Leistungsstarke können Leistungsschwache unterstützen.

Leistung hat Zukunft, weil Leistung Glück und Erfüllung im Tun ist.

13. Zuhause sein im Vertrauten
SELBSTBESTIMMT WOHNEN BIS INS HOHE ALTER

In der künftigen Gesellschaft des langen Lebens wird wie in früheren Jahrhunderten der Gedanke des »ganzen Hauses« wieder aufleben, weil die Menschen mehr aufeinander angewiesen sind und sich auch mehr selber helfen müssen. Deshalb sage ich: Die Genossenschaftsidee lebt wieder auf. Gleichzeitig wird der Familienbegriff um den Gedanken des ganzen Hauses erweitert. Im ganzen Haus haben in Zukunft nicht nur natürliche Familienmitglieder Platz. Auch Enkellose, Kinderlose und Familienlose werden wie durch Adoption in die Hausgemeinschaft aufgenommen. Der Gedanke der Wahlfamilie und Wahlverwandtschaft erlebt eine Renaissance.

Die meisten 90-Jährigen werden auch 2030 noch in eigenen Wohnungen leben.

Als Tendenz zeichnet sich für die Zukunft die Mehrgenerationenfamilie an verschiedenen Orten (und nicht die Großfamilie unter einem Dach) ab. Dieser neue Familientyp bildet keinen gemeinsamen Haushalt und pflegt doch enge familiäre Beziehungen. Die Großeltern-Eltern-Kind-Enkel-Beziehung gewinnt in gleichem Maße an Bedeutung, wie das partnerschaftliche Zusammenleben von (Ehe-)Paaren partiell an Stabilität verliert.

**Die Mehrgenerationenfamilie lebt
von der Nähe durch Distanz –
und nicht unter einem Dach.**

Und sie ist zur Stelle, wenn Rat, Hilfe und Unterstützung gebraucht werden.

Mitten in der aufgeregten öffentlichen Debatte über die schulische Vermittlung traditioneller Werte meldete sich eine 13-jährige Schülerin aus dem Norden Londons in der Zeitung »Independent« zu Wort und machte klar, wie sehr sich inzwischen familiäre Traditionen verändert haben: »Wenn die Regierung glaubt, man müsse zu der traditionellen Familie zurückkehren, dann glaubt sie etwas anderes als die Leute. Ich habe zwei Mamas und zwei Papas, eine Menge Brüder und Schwestern, aber keiner von ihnen ist es eigentlich wirklich. Sie sind alle Halb-Irgendwas und Stief-Irgendwas und ein bisschen dies und ein bisschen das. Doch ich liebe sie alle. Jeder, den man zur Familie zählt, ist Familie. Auch Freunde können für mich Familie sein.«[1] Man mag den flexiblen Familienbegriff mögen oder nicht: In der westlichen Welt ist er längst Wirklichkeit geworden. Das erweiterte Familienverständnis verändert auch unsere Wohnwünsche.

**Gefragt sind generationsübergreifende
Wohnkonzepte, Baugemeinschaften und
neue Wohngenossenschaften.**

Bei den neuen Wohnkonzepten geht es auch um Alternativen zu den traditionellen Altersheimen. Nehmen wir ein aktuelles Beispiel, das mir unlängst ein Makler in Hamburg erzählt hat: Acht Rentner zwischen 62 und 92 Jahren zogen genervt aus einem Hamburger Altersheim aus und mieteten – über diesen Makler vermittelt – gemeinsam eine alte Villa am Ratzeburger See. Jetzt sparen sie dabei auch noch Geld, haben endlich wieder etwas zu tun und schmieden gemeinsam Reisepläne. Sie haben sich im Altersheim kennen-, schätzen und respektieren gelernt: Das Altersheim ist für sie fast zum Sprungbrett für ein neues Leben geworden.

Solche Perspektiven kommen einer Kehrtwende im Wohnungsbau gleich. Die positiven Erfahrungen in den skandinavischen Ländern (Schweden, Norwegen, Finnland, Dänemark) beweisen, dass ein Land fast ohne Heime auskommt:

> So wenig Heime wie möglich –
> eine realistische und keine utopische
> Zukunftsforderung für Deutschland.

Ganz im Gegensatz dazu hat das Statistische Bundesamt beispielsweise bis zum Jahr 2030 einen massiven Anstieg der Zahl der Pflegebedürftigen »errechnet« – von derzeit 2,1 Millionen auf 3,4 Millionen, was einer Steigerung von über 60 Prozent entspricht. Das ist viel zu kurz gedacht: Der medizinische Fortschritt, veränderte Lebenseinstellungen sowie gesündere Ernährungsgewohnheiten werden die Zahl der Pflegebedürftigen nicht exponentiell ansteigen lassen. Wer sich nur auf solche linearen Hochrechnungen verlässt, investiert mit Sicherheit an der Zukunft vorbei.

Die Immobilienbranche sollte sich daher von überhöhten Renditeerwartungen im Bereich von Seniorenimmobilien verabschieden. Statt nur von gigantischen »Pflegebatterien« und Tausenden neuer Pflegeheime zu träumen, sollte realistischerweise zur Kenntnis genommen werden, dass der Zukunftstrend in eine ganz andere Richtung geht: Dem Service-Wohnen bzw.

generationsübergreifenden Wohnkonzepten mit Dienstleistungsangeboten gehört die Zukunft.

Das Horrorszenario »Zum Pflegefall werden« ist weit von der Wirklichkeit entfernt.

Über 90 Prozent der 65- bis 79-Jährigen in Deutschland haben keinen Pflegebedarf.

Gesundheitliche Beeinträchtigungen im Alter gibt es, aber die Angst vor der Einlieferung ins Pflegeheim ist weitgehend unbegründet. Denn zwei Drittel der älteren Pflegebedürftigen werden zu Hause versorgt – durch Familienangehörige oder ambulante Pflege. Auf den Punkt gebracht: Von den 17 Millionen Bundesbürgern im Alter von über 65 Jahren sind nur 2,2 Millionen pflegebedürftig[2].

Gepflegt, nicht pflegebedürftig: Das charakterisiert einen Großteil der älteren Generation von morgen.

Das verbreitete Angstszenario Rollator/Rollstuhl/Restlaufzeit[2] hat mit der Wirklichkeit wenig zu tun. Selbstbestimmt leben ist die dominante Wohnform im Alter – und nicht das Alters- oder Pflegeheim. Bei den über 90-Jährigen lebt die überwiegende Mehrheit noch in eigenen Wohnungen und ist mit ihrem gewohnten Zuhause auch sehr zufrieden.

Noch nie waren die Wünsche nach selbstbestimmtem Leben bis ins hohe Alter so dominant wie heute. Nur wenige können sich mit dem Gedanken an eine Unterbringung im Alters- oder Pflegeheim anfreunden. Eine solche Perspektive wird von der überwiegenden Mehrheit der Bevölkerung als Schicksalsschlag empfunden, vehement verdrängt und abgewehrt.

> Die Wohnwünsche lassen sich
> auf eine einfache Formel bringen:
> Selbstständigkeit bis ins hohe Alter.

Selbstbestimmte Wohnkonzepte geben konkrete Antworten auf die Folgen einer Gesellschaft des langen Lebens. Dabei geht es auch um Alternativen zu den traditionellen Altersheimen. Möglich sind in Zukunft neue Hausgemeinschaften für Senioren, bei denen ein ambulanter Pflegestandard garantiert wird und in denen Bewohner eigenständiger und selbstbestimmter als in Heimen leben können. Sie wohnen in eigenen Räumen, werden aber zugleich aktiviert durch einen Gemeinschaftsbereich, in dem gekocht, gegessen, gebügelt oder geredet werden kann.

Baugemeinschaften mit individuell zugeschnittenen Einzelwohnungen in Mehrfamilienhäusern sind gefragt: Von Anfang an müssen zusätzliche Gemeinschaftsräume sowie ein für alle zugänglicher Garten geplant werden, den die Bewohner für nachbarschaftliches Miteinander nutzen können, aber nicht müssen. In diesem Vorhaben sollten sie von kommunalen Agenturen für Baugemeinschaften unterstützt werden – wie z.B. in Hamburg, wo die Behörde für Stadtentwicklung Bauwilligen bei der Suche nach passenden Grundstücken hilft und sie bei der Finanzierung und Handhabung der Verwaltungsvorschriften berät. Mit einem besonderen Nebeneffekt: Bauen im Team ist bis zu 25 Prozent günstiger als der individuelle Kauf einer Neubauwohnung.

> Mit dem demografischen Wandel hört
> das Einfamilienhaus auf, Idealtypus der
> Gesellschaft zu sein.

Mit jedem Wandel einer Lebensphase ändern sich die Wohnstile. Mit der Zunahme der Lebenserwartung muss jede(r) viele und vielfältige Lebensphasen (und damit Wohnformen) durchlaufen. Idealiter müsste mit jeder neuen Lebensphase das Haus bzw. die Wohnung neu eingerichtet oder gar umgebaut werden.

14. Gemeinsam statt einsam
ÖFTER DAS SCHNECKENHAUS VERLASSEN

Alt, einsam und allein gelten beinahe als Synonyme. Ob jemand im Alter wirklich isoliert ist oder sich einsam fühlt, ist eher eine Frage der biografischen Entwicklung und hängt wesentlich davon ab, ob er im mittleren Lebensalter Kontakte geknüpft und erhalten, gewissermaßen bis ins hohe Alter »trainiert« hat und ob er von Kindheit an Interessengebiete entwickelt und gepflegt hat. Die meisten Freizeitinteressen sind bereits im Alter von 18 Jahren »ausgebildet«, Kontakt- und Gemeinschaftsinteressen auch.

> **Die Mehrheit der Generation 65plus lebt in einer Paar-Gemeinschaft mit dem Ehe- oder Lebenspartner.**

Andererseits geht aus den vorliegenden Daten des Statistischen Bundesamtes[1] hervor: Bei den über 65-Jährigen kommen auf einen alleinlebenden Mann (19%) mehr als zwei alleinlebende Frauen (45%). Ältere Frauen leben mehr als doppelt so häufig allein wie gleichaltrige Männer.

Die soziale Zukunftsvorsorge kann nicht früh genug beginnen. Die traditionelle Lebensdevise »Meine Zukunftsvorsorge ist die Arbeit« reicht für ein langes Leben, das auch »gut« sein soll, nicht mehr aus. Die Ansprüche an die Lebensqualität bis ins hohe Alter lassen sich mit Arbeit, Einkommen und Vermögen nicht mehr erfüllen. Zukunftsvorsorge kann nicht länger nur als Geldthema verstanden werden. Dies bekommen insbesondere Singles zu spüren, die mehr im Jetzt leben und oft einen konsumfreudigen Lebensstil pflegen. Ihr »Problem«-Bewusstsein für ein lebenswertes Leben im hohen Alter ist nicht hinreichend ausgeprägt, zumal sie auf die Fürsorge eigener Kinder im Alter nicht bauen können. Ihr Absicherungsniveau ist vorwiegend materiell orientiert und weist erhebliche soziale Defizite auf. Sie müssten mehr in die soziale Zukunftsvorsorge investieren, die sich auf lange Sicht im Alter »auszahlt« oder gar »rechnet«. So gesehen können soziale Überlegungen auch rationale Erwägungen sein.

Alleinsein und einsam sein ist nicht dasselbe. Das gesellschaftliche Stereotyp vom einsamen Alten, das sozialpsychologisch und ideologisch aus der verdrängten Angst des modernen Menschen vor Krankheit, Alter und Tod resultiert, wird von der Realität widerlegt: Junge Menschen fühlen sich oft einsamer als Ältere. Kontaktarmut und Einsamkeitsgefühle werden subjektiv empfunden und spielen sich in der Vorstellungswelt des Einzelnen ab. Dies erklärt auch, warum gerade junge Menschen so stark zu Einsamkeitsgefühlen neigen.

Nicht allein sein müssen im Alter: Offensive Wege aus der Vereinsamungsfalle.

Am Anfang jeder Kontakt- und Gemeinschaftssuche sollte die selbstkritische Erforschung, das Nachdenken über die ganz persönlichen Ursachen des Sich-einsam-Fühlens stehen. Diese Selbstbesinnung kann einem niemand abnehmen. Sie ist unverzichtbare Eigenleistung für die weitere Lebensplanung. In den Prozess der Selbsterforschung kann man – zur Selbstkorrektur oder Bestätigung – einen Menschen, dem man vertraut, mit einbeziehen, um auch aus der Sicht des Anderen sich selbst besser kennenzulernen.

Der Vereinsamung im Alter kann man nicht davonlaufen. Immer »mobil« und »aktiv« sein, kann Einsamkeitsgefühle verdrängen, nicht aber überwinden helfen. So gesehen können bewusstes Nichtstun und das persönliche Eingeständnis, darunter zu leiden, erkenntnis- und hilfreicher sein als Aktivismus und pausenloses Beschäftigtsein um jeden Preis.

Man muss auch Freundschaft mit sich schließen können und darf sich nicht immer nur selber leidtun.

Zum Nachdenken über sich selbst gehört die Frage, was man wirklich erleben und an Kontakten erfahren will. Kontakte kommen nicht von selbst. Wer neue Menschen kennenlernen will, muss auch unter Leute gehen, muss zwischen »allein leben« und »einsam sein« unterscheiden lernen und die eigene Lebenssituation als Chance für neue und vielfältige Kontaktmöglichkeiten begreifen.

Wer unter Einsamkeit leidet oder Gesprächspartner sucht, muss sich darin üben, entgegenkommend zu sein und darf nicht nur darauf warten, dass immer andere den ersten Schritt machen. Dazu gehören die Bereitschaft und der persönliche Mut, Menschen anzusprechen oder selbst ein Gespräch zu beginnen.

Soziale Kontakte im Alter ergeben sich nicht spontan: Sie müssen gepflegt und erarbeitet werden.

Persönlich wichtige Kontakte müssen ernsthaft gepflegt werden. Auch ungeplante spontane Kontakte sowie aktuelle Anlässe und Begegnungen sollten als Gelegenheit wahrgenommen, sozusagen »beim Schopfe gepackt« werden. Dies heißt aber auch, dass man Gefühle und Sympathien zeigen und anderen mitzuteilen bereit sein muss.

Große Bedeutung kommt der Erhaltung und Weiterentwicklung eigener Interessen und der Aufgeschlossenheit für Neues zu. Aus der Altersforschung ist bekannt, dass sich Menschen, die in ihrem Leben viele Interessen haben und entwickeln, im Alter seltener einsam fühlen.

Kommunikationsfördernde Aktivitäten, mitmenschliche und nachbarschaftliche Hilfsangebote sowie sozial engagierte Hilfeleistungen eröffnen neue gemeinschaftsbildende Erlebnisfelder. Eine Vielzahl und Vielfalt von freiwilligen Engagements im Kontaktbereich von Wohnung und Wohnumfeld bieten sich an.

Wer tiefergehende Kontaktbeziehungen wünscht, muss auf aktive Kontaktsuche gehen und sich gleichzeitig darüber klar werden, mit wem und mit welcher persönlichen Konsequenz intensivere Kontakte aufgenommen und gepflegt werden sollen. Die Lebenserfahrung[2] lehrt:

Wer nicht allein und einsam bleiben will, muss bereit sein, »das Schneckenhaus zu verlassen«.

Praktisch bedeutet dies: selbst neue Menschen ansprechen, sich ansprechen lassen und längerfristig einen eigenen Freundes- und Bekanntenkreis systematisch aufbauen.

Nicht selten beginnt die Verhinderung von Einsamkeit schon damit, dass man sich erst einmal selbst akzeptiert, wie man ist und mehr Selbstachtung aufbaut, so dass man nicht ständig auf die Suche nach Anschluss oder einem festen Partner gehen muss. Die praktische Psychologie[3] empfiehlt: Gestalten Sie Ihr Leben so, als ob Sie schon einen Partner hätten!

Wer also die Beziehung zu anderen verbessern will, muss erst einmal die Beziehung zu sich selbst verändern.

Versäumnisse können auch Verträumnisse sein. Wer zeitlebens soziale Kontakte nicht pflegt, bleibt meist allein oder alleingelassen. Und wer sein Leben nicht dem Zufall überlassen, sondern lange sinnerfüllt leben will, muss sich frühzeitig eine neue Einstellung zum Leben zu eigen machen.

Menschen in einer langlebigen Gesellschaft müssen früh lernen, sich eigenständig soziale Netze aufzubauen.

Aus der möglichen Hilfsbereitschaft muss eine tatsächliche werden. Kurz: Wir sollten uns wieder gegenseitig mehr helfen und nicht alle sozialen Angelegenheiten einfach dem Staat überlassen.

15. Gebraucht werden
WER EINE ARBEIT HINTER SICH HAT, SOLL EINE AUFGABE VOR SICH HABEN

Nach der Evolutionstheorie helfen Säugetiere ihren nächsten Verwandten am meisten. Unter ihnen gibt es eine Tierart, die zu den kooperativsten Säugetieren der Welt zählt und Hilfsbereitschaft auch unabhängig vom Verwandtschaftsgrad praktiziert. Diese Tierart bewohnt in großen Kolonien das afrikanische Busch- und Savannenland, ist überaus gesellig und lebt in ständigem Stimmkontakt. Die knapp dreißig Zentimeter großen Lebewesen heißen: Erdmännchen.

Alle Erdmännchen übernehmen ganz selbstverständlich soziale Aufgaben in ihrer Gruppe und beteiligen sich an der Nachwuchsbetreuung – auch unabhängig davon, ob sie mit dem Nachwuchs verwandt sind oder nicht. Selbst Erdmännchen, die keine Nachkommen haben, widmen ihr Leben ganz oder teilweise der Betreuung von fremden Jungen: Sie füttern sie oder übernehmen Wächteraufgaben, richten sich also bei Gefahr auf und »machen Männchen« (daher kommt der Name). Die Erklärung ist einfach: Erdmännchen profitieren davon, in der Gemeinschaft zu leben, weil dadurch ihre Lebens- und Überlebenschancen steigen.

Auch unser menschliches soziales Netz profitiert vom Gemeinsinn und zwar nachhaltig im doppelten Sinne: Es sorgt für die eigene soziale Sicherheit und garantiert zugleich auch künftigen Generationen ein lebenswertes Leben.

> **Wer heute sozial vorsorgt, braucht sich morgen um die Nachwelt kaum Sorgen zu machen.**

Und wenn wir in Zeiträumen von Generationen (und nicht nur von Legislaturperioden) denken, rechtfertigt sich auch das Vertrauen der Bürger in die Zukunftsfähigkeit der Gesellschaft. Die Antwort auf die Sinnfrage des Lebens lautet dann ganz einfach: Es tut gut, gebraucht zu werden.

Das Millenniumsfieber um 2000 war der Höhepunkt einer Spaß- und Singlegesellschaft in der gesamten westlichen Welt. Die internationale Sozialforschung sprach seinerzeit vom »bowling alone«-Phänomen[1]: Jeder schob seine Kugel allein. Jetzt deutet sich eine Trendwende an: Aus dem »bowling alone« wird ein »bowling together«. Die Tierwelt macht es uns Menschen doch schon lange vor. Die Erfahrung zeigt:

**Wer sich um andere sorgt –
lebt länger (»Caretakers live longer«).**

Es gibt Tierarten, bei denen die Männchen nach der Geburt die Aufzucht der Jungen übernehmen. Die Folge: Die Männchen überleben ihre Weibchen um mehr als 20 Prozent[2]. Daraus folgt im Umkehrschluss: Wer sich nicht sozial verhält, setzt sein Leben aufs Spiel. Ein starkes soziales Netz steigert nachweislich unsere Lebenserwartung[3] – auch eine Erklärung dafür, warum Frauen in allen Kulturen länger leben als Männer, weil sie sich für die Kinderbetreuung und jetzt in zunehmendem Maße auch für die Altenbetreuung hauptverantwortlich fühlen.

Eine grundlegende Änderung in den Lebenseinstellungen der Menschen zeichnet sich ab. Quer durch alle Berufs-, Alters- und Sozialschichten nimmt die Überzeugung zu, dass man sich in schwierigen Zeiten aufeinander verlassen können muss. In Zeiten des Wohllebens kann jeder für sich selbst leben und sein Ego ausleben. Wenn aber der Wohlstand auf breiter

Ebene stagniert und für die nahe Zukunft nicht gesichert erscheint, dann ist für Ichlinge kein Platz mehr. Die Menschen wollen heute vom Ego-Kult immer weniger wissen. Im Umgang miteinander suchen sie wieder mehr emotionale Wärme und sozialen Zusammenhalt.

Als Tendenz zeichnet sich ab: Der Familiensinn wächst. Gemeinsinn bürgert sich wieder ein. Soziale Verantwortung kehrt zurück. Und eine neue Gemeinschaft auf Gegenseitigkeit entwickelt sich. Die Ichlinge werden zur Randerscheinung. Das Ich stirbt deshalb nicht; es lebt weiter im Wir: Wer ICH werden will, muss WIR wollen.

Eine Gemeinschaft auf Gegenseitigkeit entsteht: Der Solidarische ist nicht mehr der Dumme.

Es zeichnet sich in Ansätzen eine Kultur des Helfens ab. Prosoziale Einstellungen – Vertrauen, Verantwortung, Verlässlichkeit – breiten sich aus. Und Freundschaft und Hilfsbereitschaft (»Für andere da sein«) stehen wieder ganz oben in der Werteskala. Es wächst die Bereitschaft der Bevölkerung zur Gemeinschaft auf Gegenseitigkeit. Die Bürger entwickeln ganz konkrete Vorstellungen, in welchen Bereichen sie sich engagieren wollen. Im Einzelnen sind dies die Betreuung von alten Menschen, die Betreuung von Kinderspielplätzen, soziale Fahrdienste wie z.B. Essen auf Rädern, Lotsendienste wie z.B. Begleitung von Patienten zu Therapien oder Telefondienste für Tagesmüttervereine. Und das alles auf freiwilliger Basis und ohne Zwang.

Die Bürger wenden jede Woche mehr Zeit für unbezahlte Arbeiten auf als für Erwerbsarbeiten.

Zur unbezahlten Arbeit zählen die Pflege und Betreuung von Kindern und Erwachsenen (Kinderbetreuung, Betreuung von Pflegebedürftigen, Fahrdienste, Wegezeiten). Hinzu kommen: hauswirtschaftliche Tätigkeiten (Essenszubereitung, Wohnungsreinigung, Wäschepflege, Einkaufen, Behördengänge, Organisation, Wegezeiten). Außerdem: handwerkliche Tätigkeiten (Bauen, Renovieren, Herstellung und Reparatur von Verbrauchsgütern, Fahrzeugreparatur, -pflege). Und schließlich: soziale Hilfeleistungen und ehrenamtliche Tätigkeiten.

Würden diese unbezahlten Arbeiten entlohnt, entspräche das Arbeitsvolumen einem volkswirtschaftlichen Wert von 1,0 bis 1,4 Billionen Euro und läge damit höher als die Lohn- und Gehaltssumme. Rund ums Jahr – an Wochenenden genauso wie an Feiertagen und in den Ferien – arbeiten die Bürger täglich durchschnittlich etwa vier Stunden ohne Bezahlung. Sie pflegen systematisch den Kontakt – nicht nur aus Freude am geselligen Leben, sondern auch und gerade mit dem Gedanken, dadurch etwas Dauerhaftes für ihr eigenes Leben zu schaffen, was sich im Alter vielleicht sogar »auszahlt« bzw. »rechnet«.

Bei aller Hilfsbereitschaft spielen rationale Erwägungen beim sozialen Engagement eine große Rolle.

Es tut gut, etwas Sinnvolles zu tun - für sich und andere. Die Zukunft gehört interessierten Helfern, die mehr in Initiativen als in Institutionen tätig sind: Sie kochen für Obdachlose, pflegen kranke Kinder, melden sich am Kindertelefon, betreuen gefährdete Jugendliche, kümmern sich um Menschen in Asylbewerberheimen, organisieren Nachbarschaftshilfen oder machen beim Senior-Experten-Service mit – solange es ihnen gefällt.

Das lange Leben kann doch erst dann ein sozialer Fortschritt sein, wenn wir auch bereit sind, einen Teil der geschenkten Zeit sowohl in die Erhöhung der persönlichen Lebensqualität als auch in die Verbesserung der sozialen Lebensbedingungen zu re-investieren. Dazu aber bedarf es gesellschaftlicher Anreize durch die Politik.

Vielleicht heißt Solidarisierung in Zukunft einfach nur: mehr Gemeinsamkeit (und weniger Egoismus). Von dem hohen Solidaritätsideal werden wir uns wohl verabschieden müssen.

Jenseits von Nächstenliebe entwickelt sich eine kalkulierte Hilfsbereitschaft – praktisch und pragmatisch.

Obwohl wir Gutes für andere tun, profitieren wir selbst davon: Hilfsbereitschaft tut uns gut! So können wir das Zusammenleben ein wenig besser gestalten helfen, ohne uns dabei selbst aufzugeben. Wir werden dadurch niemals zu Heiligen werden, weil es mehr um unsere Wohlgefühle und Herzenswünsche als um Nächstenliebe und uneigennützigen Altruismus geht.

So wirken wir mit an einer Welt, in der die Menschen länger leben und zugleich das Beste aus ihrem Leben machen können. Die Hilfeleistung kann zum moralischen Ersatz für Erwerbsarbeit werden.

Wer eine Arbeit hinter sich hat, soll eine Aufgabe vor sich haben.

Start-up, ein Leben mit neuen Anfängen, ist auch für mich persönlich kein Fremdwort: Mit 73 Jahren startete ich noch einmal durch. Gemeinsam mit der Bildungsforscherin Irina Pilawa, meiner Tochter, gründete ich 2014 das Opaschowski Institut für Zukunftsforschung (O.I.Z) in Hamburg. Unser gemeinsamer Wahlspruch lautet seither: »Wir beobachten Gesellschaft in Bewegung.« Wir wollen Wohlstand und Lebensqualität für die nächste Generation sichern helfen und wertorientierte Konzepte für ein gutes Leben entwickeln. Mit dieser Zielsetzung ist auch 2014 unsere gemeinsame Zukunftsstudie »So wollen wir leben! Die 10 Zukunftshoffnungen der Deutschen« entstanden.

Zum guten Leben gehört – für mich persönlich – in erster Linie die Familie: Seit fast fünfzig Jahren verheiratet ist mir als Vater von zwei Kindern und Großvater von fünf Enkelkindern die Familie heilig – frei nach den Worten von Friedrich Hölderlins »Hyperion«, wonach das Schönste im Leben auch das Heiligste ist. Im wahrsten Sinn des Wortes: von der beziehungsreichen Partnerschaft bis zur vorsorgenden und verantwortlichen Begleitung meiner Kinder und Kindeskinder. Worauf ich im Laufe eines langen Lebens verlässlich bauen kann, ist das stabile Haus der Kern- und Generationenfamilie. Sie ist ein Garant für Lebensglück.

Vielleicht denke und fühle ich nicht anders als die meisten Menschen auch: Im Leben an etwas Unangreifbares glauben und daran festhalten, um den Halt und den Sinn des Lebens nicht zu verlieren. Ohne den Familienzusammenhalt, ohne das Gefühl sozialer Geborgenheit und Verlässlichkeit kann ich nicht leben, weil auch ich 1945 als Flüchtling Heimat- und

Wurzellosigkeit erfahren habe. Neben dem sozialen Rückhalt muss ich im Leben immer ein Ziel, eine Perspektive vor Augen haben und davon überzeugt sein, dass Lernen, Leisten und Leben zusammengehören. Wer leben und nicht gelebt werden will, sollte das Leben als dreifache Aufgabe begreifen:

**Ein Job. Eine Familie. Ein Ehrenamt.
Das ist die Sinneinheit für ein langes Leben.**

Und das heißt konkret: Gefordert sein. Gebraucht werden. Wichtig bleiben.

Noch 1855 hatten die Deutschen eine Lebenserwartung von 37 Jahren. Die Lebenserwartung hat sich seither mehr als verdoppelt. Wenn es uns gelingt, dabei auch gut und nicht nur lange zu leben, wird die künftige Gesellschaft des langen Lebens ein großer sozialer Fortschritt sein. Andererseits ist auch feststellbar:

2030 wird die Mehrheit der über 60-Jährigen nicht verheiratet, sondern ledig, verwitwet oder geschieden sein.

Die meisten leben dann in Ein-Personen-Haushalten und sind, wenn sie kinder- und enkellos bleiben, auf den Auf- und Ausbau einer professionellen Infrastruktur von Hilfe- und Pflegeleistungen angewiesen. Pflegerische Dienste arbeiten nach marktwirtschaftlichen Prinzipien und müssen gesetzliche Vorgaben erfüllen: Da ist von »Richtmargen« und »indikatorengestützten Planungsmodellen«, von »Berechnungsschritten« und »Quotenwerten« die Rede[4].

Wer keinen Partner, keine Kinder und keine Geschwister hat, muss im Alter auf bezahlte Helfer ausweichen.

Es gilt als sicher, dass mit der Zunahme der Kinderlosigkeit immer mehr Menschen im Alter allein wohnen und leben und keine familiären Unterstützungsleistungen erwarten können. Ihre Hoffnungen, sich wenigstens auf ihre sozialen Netzwerke verlassen zu können, erfüllen sich nachweislich nicht bzw. erweisen sich als »unrealistische Vorstellungen«[5].

Das so genannte Altenteil (»Ausgedinge«) in bäuerlichen Familien war eher die Ausnahme, die sich nur wenige leisten konnten. Treffender war da schon eine alte Bauernweisheit: »Übergeben – und nimma leben.« Ohne materielle Sicherheiten waren Menschen, die länger lebten, auf das Wohlwollen der Mitmenschen, der Familie und des Gemeinwesens, der Kirche und der Zünfte angewiesen. Zu allen Zeiten war der (traditionelle) Generationenvertrag ein Versuch, die Familie zu entlasten und ihr nicht zu viele Aufgaben aufzubürden.

Früher war das Alter die kürzeste aller Lebensphasen. Und das Lebensende war Problemlösung und Erlösung zugleich.

Bereits vor Einführung der Sozialversicherung (oder gar der Pflegeversicherung) gab es in früheren Jahrhunderten eine Art betreutes Wohnen bzw. betreutes Alter: Dabei handelte es sich um die von Stiftungen, Zünften und Leibrenten finanzierten Spitäler. Sie dienten der Altersversorgung und sorgten für die Unterbringung von bedürftigen alten Menschen.

Ende des 15. Jahrhunderts sollen auf einen arbeitenden Menschen vierzehn Bettler gekommen sein[6]. Zu Beginn der

Neuzeit konnten fast alle Städte Spitäler vorweisen – meist unter dem Namen »Heiliggeistspital« (z.B. Biberach, Schwäbisch Gmünd, Ulm, Wismar). Hier wurden »die eines Obdachs Entbehrenden gastfreundlich aufgenommen«[7] und bis an ihr Lebensende gepflegt.

Hinzu kamen städtische Bürgerhospitäler sowie auch kleinere Privatspitäler, die von wohlhabenden Bürgern gestiftet bzw. ›gesponsert‹ wurden. Als Gegenleistung mussten die Insassen mitunter für die Stifter bei Gott Fürbitte tun: So sollten sich beispielsweise die Spitalisten der St. Antoniuspfründe in Augsburg im 15. Jahrhundert einen Bart wachsen lassen und zum Dank für die Aufnahme täglich am Grab des Stifters fünfzehn Paternoster und Ave Marias beten[8]. Aus den Spitälern entwickelten sich schließlich familienunabhängige Altersheime, die Sicherheit bei Armut, Krankheit und vor dem Alleinsein im Alter boten. Heute lebt der Hospital-Gedanke in manchen (Sterbe-)Hospiz-Gründungen wieder auf.

In einer langlebigen Gesellschaft werden die Karten des Lebens neu gemischt.

Der Ruhestand, eine Errungenschaft der Neuzeit und der Industriegesellschaft, hat sich im 21. Jahrhundert überlebt und wird durch die nachberufliche Lebensphase abgelöst. Dafür gibt es keine historischen Rollenvorbilder. Die nachberufliche Lebensphase, ein Novum in der Menschheitsgeschichte, verlangt nach Antworten auf die Frage, wie die Lebenszeit nach der Erwerbstätigkeit sinnvoll gestaltet werden kann. Das Leben zwischen »50 plus X« und »100 minus X« verlangt nach neuen Leitbildern. Wirtschaft, Wissenschaft und Politik müssen sich in diesem Zusammenhang über eine Neudefinition und Erweiterung des Begriffs »Arbeit« verständigen und für eine gesellschaftliche Anerkennung auch unbezahlter Tätigkeiten wie Familienarbeit, Gemeinschafts- und Gesellschaftsarbeit verantwortlich fühlen.

Schon Ende des 20. Jahrhunderts entdeckten Sozialforscher[9] ein schlafendes Engagementpotential bei der älteren Generation, das erst noch geweckt und aktiviert werden muss. Dabei geht es nicht um eine Belebung des »alten Ehrenamts« zwischen Nächstenliebe, Ehrennadel und Pflichtenethik. Das zu aktivierende Solidaritätspotential hat vielmehr den Charakter einer Ehrensache auf freiwilliger Basis – motiviert und engagiert, proaktiv und produktiv.

Die 50plus-Generationen stellen in Zukunft die größte Zahl Ehrenamtlicher im sozialen Bereich.

Die Lebensarbeit ist mit dem Ausscheiden aus dem Erwerbsleben nicht zu Ende. Die 50plus-Generationen werden für Mentoren- und Patenschaftsaufgaben zur Unterstützung junger Existenzgründer dringend gebraucht. Wirtschaft und Politik sollten sie in diesen gesellschaftlich notwendigen Aufgaben ideell und materiell unterstützen. Sie helfen nicht nur, das Sozialsystem dauerhaft zu sichern, sondern machen auch Ernst mit dem Dialog zwischen den Generationen. Indem sie Solidarität zwischen Alt und Jung praktizieren, leisten sie einen wichtigen gesellschaftlichen Beitrag zu einem neuen Konsens der Generationen.

Neben der materiellen Altersvorsorge wird die mentale und soziale Altersvorsorge durch Familie, Freunde, Vereine und soziale Netzwerke immer wichtiger, wozu insbesondere generationsübergreifende Kontakte gehören.

Altersvorsorge betrifft jeden von uns – heute noch als Enkel oder Kind, morgen als Rentner oder Pensionär.

Die Generationen in der nachberuflichen Lebensphase stellen die am stärksten wachsenden Bevölkerungsgruppen dar. Als kaufkräftige und erfahrene Verbrauchergruppen haben sie einen erheblichen Einfluss auf den Konsumgütermarkt, vom Hobby-, Reise- und Medienmarkt bis zum Wohnungs- und Anlagemarkt. Sie bilden in Zukunft das größte Kunden- (und auch Wähler-)potenzial.

Wenn Ehren und Amt keine Worthülsen sein und wirklich etwas bedeuten sollen, dann müssen freiwillige Helfer (»Volontäre«) auch das Gefühl vermittelt bekommen, dass sich der Aufwand und die Mühe für soziales Engagement wirklich lohnen.

Das freiwillige Engagement ist zwischen Ehre und Amt, Idealismus und sozialer Pflicht angesiedelt.

Im Unterschied zum käuflichen Konsum, der Spaß sofort verspricht, muss die Freude am Ehrenamt erst durch eigene Leistungen »erarbeitet« werden. Eigeninitiative und Verantwortungsbewusstsein gehören immer dazu. Dafür vermittelt die ehrenamtliche Tätigkeit aber auch besondere Erfolgserlebnisse wie z.B. die Freude, anderen helfen zu können, oder der Stolz über eigene Einflussmöglichkeiten.

Damit wir keine Gesellschaft von Einzelgängern werden, die nur ihren egoistischen Interessen nachgehen, müssen wir das Bewusstsein für Gemeinsinn so stärken, dass eines Tages die Ausübung eines Sozialen Volontariats genauso prestigeträchtig ist wie der Erwerb eines kostspieligen Konsumartikels. Beides muss schließlich »verdient« werden – entweder durch Arbeit oder durch gute Werke im Dienste der Gemeinschaft.

> **Langlebigkeit wird zum Fortschritt, wenn wir Teile der geschenkten Zeit in die Gesellschaft re-investieren.**

Solidarität entwickelt sich wieder zu dem, was sie ursprünglich in der europäischen Arbeiterbewegung des 19. Jahrhunderts einmal war: zu einer Erfahrung des Aufeinander-Angewiesenseins, bei der sich Eigen- und Gemeinnutz miteinander verbinden und weniger eine Frage von Pflicht und Moral, Fürsorge und Nächstenliebe sind[10]. Mehr Bestand und Verlässlichkeit können Hilfsbereitschaft und Solidarisierung erst dann bekommen, wenn sie gesellschaftlich aufgewertet und entsprechend anerkannt und honoriert würden.

Das soziale Optimum der Zukunft wird eher eine pragmatische Solidarisierung nach dem Prinzip »do ut des« sein: Ich helfe dir, damit auch mir geholfen wird. Ich gebe mich notwendigerweise solidarisch, um weiter frei und unabhängig leben zu können.

Für die Zukunft zeichnet sich ein neuer Typus von Solidarität ab, der von Pflichtgefühl und Helferpathos herzlich wenig wissen will. Aus der Not oder Notlage heraus geboren schließen sich Individuen zu einem sozialen Netzwerk zusammen – auf Abruf und jederzeit kündbar, wenn die Geschäftsgrundlage (= Notlage) entfällt. Das Netzwerk wird zum Beistandspakt auf Zeit. Der sich international ausbreitende Kommunitarismus (vor allem in den USA) ist eigentlich nichts anderes als ein sozialer Egoismus.

Bertolt Brechts Gedicht »An die Nachgeborenen« aus den dreißiger Jahren des vorigen Jahrhunderts bringt das Thema Generationenverantwortung auf den Punkt: »Ach, wir/Die wir den Boden bereiten wollten für Freundlichkeit/Konnten selber nicht freundlich sein./Ihr aber, wenn es so weit sein wird/Dass der Mensch dem Menschen ein Helfer ist/Gedenkt unser/Mit Nachsicht.«

16. Bestzeit

DAS BESTE AUS DEM MACHEN, WAS MAN AM BESTEN KANN

Ein afrikanisches Sprichwort lautet: »Die beste Zeit, einen Baum zu pflanzen, war vor zwanzig Jahren. Die zweitbeste Zeit – ist jetzt!« Auf den ersten Blick gesehen leben Rentner und Pensionäre ein überaus aktives Leben. Sie arbeiten viel in Haus und Garten, handwerken, gehen spazieren und halten sich in Bewegung nach dem Motto: »Man muss immer im Trab bleiben« und darf »nicht die Hände in den Schoß legen«. Doch der Aktivitätseindruck täuscht; die Passivseite des Rentnerlebens ist weitaus dominanter. Wer z.B. mit fünfzig Jahren einen aktivitätsarmen Lebensrhythmus ohne Höhe- und Tiefpunkte wählt, setzt sein Leben aufs Spiel. Die Monotonie von Leere, Langeweile und Müßiggang lässt sich auf Dauer nicht ertragen.

Winston Churchills letzte Worte vor dem Tod »Mich langweilt das alles«[1] verdeutlichen die Sinnproblematik im Alter: Das Fehlen von Aktivität und Anspannung fördert die Anfälligkeit für Krankheiten. Vorzeitiges Altern und frühzeitige Vergreisung können die Folge sein.

Aktives Handeln stärkt das Selbstwertgefühl – mit Plänen und Perspektiven für die Zukunft.

Es verhindert, dass Eigeninitiative und Selbstbestimmung, bewusstes Zeiterleben und individuelle Sinnbezüge auf der Strecke bleiben. Aktives Handeln sagt nichts über die Vielzahl irgendwelcher Freizeit-, Hobby- oder Sportaktivitäten aus. Es ist vielmehr eine innere Lebenshaltung, das Leben bewusst und intensiv zu erleben und sich den Herausforderungen des Lebens aktiv zu stellen. Das kann die aktive und problembewältigende Auseinandersetzung mit Belastungssituationen (z.B. familiäre, gesundheitliche, finanzielle Probleme) ebenso einschließen wie physische Aktivität (z.B. Sport), geistige Aktivität (z.B. Weiterbildung) oder soziale Aktivität (z.B. freiwilliges soziales Engagement). Aktives Handeln ist ein Weg, zu leben und nicht gelebt zu werden.

Eins ist klar: Wohlstand und materielle Besserstellung führen nicht zu mehr Eigenaktivität. Wer also z.B. nicht von früher Jugend an kulturelle Interessen entwickelt, kann auch bei größeren materiellen Ressourcen im höheren Lebensalter keine größere kulturelle Aktivität mehr entfalten. Aktivität stellt eine der wichtigsten Voraussetzungen für Lebenszufriedenheit im Alter dar, wobei Aktivität körperliche Betätigung genauso meint wie soziale Aktivität, also intensive Kontakte zu Freunden, Bekannten und Nachbarn. Wer ein hohes Alter bei guter Gesundheit erreicht, hat meist auch während seines ganzen Lebens einen aktiven Lebensstil praktiziert.

Die starre Trennung von Berufsleben und Privatleben gilt als wesentliches Strukturmerkmal arbeitsteiliger Industriegesellschaften. Auf der individuellen Ebene bedeutet dies eine ständige Quelle von Rollenkonflikten und Identitätsproblemen. Das im Berufsleben dominierende Nützlichkeitsdenken und zweckrationale Handeln lässt zwangsläufig emotional-soziale Fähigkeiten verkümmern, die dem Einzelnen mehr als Privatsache aufgebürdet werden. Die Ganzheitlichkeit des Menschen als Körper-Seele-Geist-Organismus wird mehr parzelliert als entfaltet. Auf der Strecke bleibt die lebensnotwendige Synthese von beruflichen und privaten Interessen. Arbeit, Beruf und

Erfolg lassen sich mit Partnerschaft, Familie und Freundeskreis kaum in Einklang bringen. Und schließlich gilt:

> **Ganzheitliche Lebensweisen sind die beste Vorbereitung auf ein selbstständiges Leben im Alter.**

Nicht in den letzten zehn Monaten, sondern in den letzten zehn Jahren sollte eine Gewöhnung an flexible und weniger starre Tagesabläufe erfolgen.

Ruheständler machen schon bald die Erfahrung, dass ihre »Hobbys immer nur bis Mittwoch reichen«. Offen bleibt die Frage: »Und was dann?« – solange jedenfalls, bis ein neues Aufgabenfeld mit Sinn und Ernstcharakter gefunden wird. Statt befürchteter Alterslast heißt es eher: neues Potential von Interessen und Fähigkeiten. Die Älteren verfügen heute über bessere Qualifikationen, bessere materielle Absicherungen und über eine bessere gesundheitliche Verfassung als früher.

Die neue Lebenssituation wirkt sich auch positiv auf die Partnerschaft aus, weil der inaktivere Partner durch den aktiveren motiviert und mitgerissen wird. Der Partner wird zur Energiequelle. Manche stellen plötzlich fest, dass sie ein Leben lang fast nur eine Wochenend-Ehe geführt haben. Jetzt haben sie plötzlich mehr Zeit füreinander: »Wir verstehen uns jetzt erstaunlich gut.«

> **Der Ruhestand ist keine Restzeit mehr und rückt ins Zentrum einer Neuorientierung des Lebens.**

Die Familie entwickelt sich zur wichtigsten Lebensversicherung im Alter. Sie trägt in dreifacher Hinsicht zur Lebenszufriedenheit und Lebenserfüllung bei:
- Die Familie gibt das Gefühl, noch gebraucht zu werden.
- Die Familie bringt Abwechslung in das Leben.
- Die Familie gibt das Gefühl, nicht allein dazustehen.

In Zukunft können Rentner lange und immer länger leben, wenn sie sich von der Vorstellung verabschieden: »Mehr Medizin = Mehr Gesundheit.« Die Lebenserwartung ist sehr viel mehr vom individuellen Lebensstil wie z.B. der körperlichen Bewegung, den Ernährungsgewohnheiten und dem Lebensstil geprägt.

Positiv bleibt festzuhalten: Im Alter hat man mehr Zeit für sich, muss nicht mehr arbeiten und freut sich über weniger Stress und Druck. Es findet eine mentale Verjüngung statt, was sich positiv auf die Vitalität und auch (motorisierte) Mobilität auswirkt. Zwei Drittel der älteren Generation bescheinigen sich eine hohe Lebenszufriedenheit. Dazu tragen auch die stabilen wirtschaftlichen Verhältnisse bei[2]. Mit der eigenen finanziellen Situation ist die 60plus-Generation im Vergleich zu anderen Altersgruppen sogar überdurchschnittlich zufrieden.

**Die Vorzüge des Älterwerdens:
Man wird freier, unabhängiger und gelassener.**

17. Lebensunternehmer
DAS LEITBILD DER ZUKUNFT

Als dem Begründer der katholischen Soziallehre, dem Jesuiten Oswald von Nell-Breuning, im hohen Alter ein Preis für seine Verdienste verliehen wurde, bekannte der Jubilar freimütig: Wenigstens im Negativen bestehe eine große Übereinstimmung zwischen Karl Marx und der Soziallehre der Kirche. Bei beiden fehle die Hauptfigur des Unternehmens: der Unternehmer. Und das sei schon bemerkenswert. Denn wirklich motivierend sei doch nur die Inspiration, die vom Unternehmer ausgehe.

Der Unternehmer gilt als eine Person, die Eigentümer oder Leiter eines Unternehmens ist, wobei mit wachsender Bedeutung von Kapitalgesellschaften immer mehr Leitungsfunktionen an Leitende Angestellte, Topmanager und Führungskräfte übergehen.

> Die Grenzen zwischen Fach- und Führungskräften, Arbeit- und Unternehmern werden fließender.

In der gesellschaftspolitischen Diskussion wird daher immer öfter von der Notwendigkeit einer Erziehung zur Selbstständigkeit gesprochen. Gemeint ist einmal[1] die Unabhängigkeit von Menschen, die bis ins hohe Alter in ihren Wohnungen, Häusern und im bisherigen Netz sozialer Beziehungen verbleiben und dadurch ein hohes Maß an individueller Freiheit behalten. Genauso wichtig aber ist die Selbstbestimmung von

Menschen, die ihre eigenen Lebensangelegenheiten selbst regeln, vor allem bei Veränderungen, die sie persönlich betreffen.

Dahinter steht die Idee einer gesellschaftlichen Innovation. Pointiert: Gemeint sind der Ausbruch aus dem Untertanenstatus und der Patientenrolle sowie der Übergang in den Status eines neuen Selbstständigen mit gelebten gesellschaftlichen Werten vom selbstbestimmten Tun bis zum sozialen Handeln für andere.

**Leitbild Lebensunternehmer:
Das »Unternehmen Selbstständigkeit«
wird zur lebenslangen Aufgabe.**

Im Berufsleben träumen insbesondere junge Existenzgründer davon, endlich ihr »eigener Herr« und nicht mehr »jedermanns Sklave« zu sein. Die berufliche Wirklichkeit gleicht mitunter einer Gratwanderung: mal Bootsführer im eigenen Boot und mal Mädchen für alles, mal Jäger und mal Jagdbeute, mal Boss und mal Marionette ...

Der Strukturwandel in der Arbeitswelt (Globalisierung/Digitalisierung) beschleunigt jetzt den Paradigmenwechsel vom Arbeiter über den Angestellten zum neuen Selbstständigen. Eine Arbeit, die noch unter dem Diktat von Fremdbestimmung steht, wird mittlerweile selbst von Gewerkschaftsseite als »vormodern« kritisiert, weil weitgehende Selbstbestimmung am Arbeitsplatz erforderlich wird[2]. Überkommene Hierarchien stehen auf dem Prüfstand.

Die Begründung für die Notwendigkeit des Leitbilds Unternehmer am Arbeitsplatz liegt auf der Hand: Immer mehr wissensbasierte Unternehmen sind auf kreative, innovationsfreudige Mitarbeiter angewiesen – auf »Intrapreneurs«, welche die Unternehmensziele (zumindest partiell) auch zu ihren eigenen

Zielen machen[3]. Diese Intrapreneurs arbeiten sozusagen unternehmerisch, sind Unternehmer innerhalb eines Unternehmens, weil sie weitgehend selbstständig agieren können und sollen.

Aus dem Arbeitnehmer wird in Zukunft ein Bürger im Betrieb mit Bürgerrechten und -verantwortlichkeiten.

Was im militärischen Bereich einmal für Soldaten als »Staatsbürger in Uniform« definiert wurde, das ist künftig der Bürgerstatus des neuen Selbstständigen. Dieser Status schließt erhöhte individuelle Entfaltungsbedürfnisse ein und persönliche Abhängigkeitsverhältnisse weitgehend aus[4]. Der Bürger im Betrieb wird zum Unternehmer am Arbeitsplatz mit mehr Entscheidungskompetenz.

Was also macht den Erfolg einer selbstständigen Unternehmerpersönlichkeit im 21. Jahrhundert aus? Egoismus, eiserne Disziplin und Durchsetzungsvermögen? Neugier, Kreativität und positives Denken? Oder Mut, Geduld und Selbstbeherrschung?

Das Erfolgsgeheimnis der Unternehmerpersönlichkeit: Ichstärke und Verantwortungsbewusstsein.

Im 21. Jahrhundert werden sich vor allem selbstständige Menschen behaupten. Menschen also, die nicht resignieren, wenn sie nicht mehr gebraucht werden (z.B. als Frührentner), sondern bereit und in der Lage sind, sich neue Lebensziele zu setzen und neue Lebensaufgaben zu übernehmen. Mehr als je zuvor wird die Fähigkeit zur Eigeninitiative gefordert sein.

Lebensunternehmer nehmen ihr Leben als Potenzial wahr, für das sie sich selbst verantwortlich fühlen, das Beste daraus machen.

Sie sind hoch motiviert und produktiv und zugleich bereit, Verantwortung zu tragen – in der Elternrolle, als Vereinsmitglied, als Angestellter (= Unternehmer am Arbeitsplatz) oder Freiberufler[5]. In einer Multioptionsgesellschaft, in der die Menschen in der Vielfalt der Optionen und Angebote zu ertrinken drohen, in der es keine gottgegebenen Prinzipien und kaum noch staatliche Weisungskultur gibt, ist der autonome Mensch in allen Lebensbereichen gefordert. Wenn alles machbar, wählbar und erreichbar erscheint, wird es geradezu unverzichtbar, dass es Lebensunternehmer gibt, die »ihren« Weg finden und gehen können.

Für die Zukunft zunehmend wichtiger wird der Aspekt Selbstständigkeit im Alter. Vor dem aktuellen Hintergrund ständig steigender Lebenserwartung, was auch Hochaltrigkeit und Langlebigkeit zur Folge hat, kann es ebenso lebenswichtig wie lebensqualitätserhaltend sein, nicht auf die Hilfe anderer angewiesen zu sein.

Selbstbestimmt leben lernen kann nicht erst im Ruhestand beginnen.

Selbstständigkeit im hohen Alter heißt, sich selbst helfen können. Selbsthilfe kann Fürsorge und Sozialhilfe entbehrlich machen, wobei natürlich der Wunsch nach Nähe auf Distanz und nach emotionaler Zuwendung und Unterstützung davon unberührt bleibt.

Unsere Leistungsgesellschaft hat sich in den letzten hundert Jahren den Luxus leisten können, den ganzen Menschen aus dem Blick zu verlieren, weil sich der Einzelne wesentlich in und durch Erwerbsarbeit verwirklichte. Jetzt, da Erwerbsarbeit nicht mehr für ein ganzes Leben zur Verfügung steht, müssen sich die Menschen wieder auf sich selbst besinnen

Mit dem Älterwerden können die Menschen die Lust des Loslassens neu entdecken, das befreiende Loslassen von Aufgaben, Prestige und Image. Sie müssen sich nicht mehr in Positionen und Ehrenämtern für unersetzlich halten. Sie können sich den Zeit-Luxus leisten, gelassener zu leben.

Die Bürger emanzipieren sich und nehmen Abschied vom Übervater Staat als Versorger und Verteiler.

Mit der Finanzkrise der öffentlichen Haushalte kommt es zum grundlegenden Perspektivenwechsel im Verhältnis von Bürger und Staat: Viele Staatsaufgaben werden an die Bürger zurückverlagert und nicht mehr – wie in den letzten Jahrzehnten – kontinuierlich vermehrt. Was bisher öffentlich war, übernehmen vermehrt Organisationen und Vereine. Die Gewährleistungsverantwortung geht damit tendenziell an die Bürger über, die sich ihres Machtzuwachses bewusst werden.

Damit verändert sich das Verständnis von Staat grundlegend. Das jahrzehntelang fast grenzenlose Vertrauen in eine Staatsform, bei der die politische Macht überwiegend von der Regierung ausging, ist infrage gestellt. Für den Schutz vor den Risiken des Lebens wie Krankheit, Alter und Pflegebedürftigkeit ist immer weniger der Staat und immer mehr der einzelne Bürger selbst verantwortlich.

Im gleichen Maße, wie die Fürsorgeleistungen des Staates zurückgehen, nehmen die Eigenleistungen der Bürger zu. Sie müssen jetzt mehr aus eigener Kraft das erreichte Wohlstands- und Wohlfahrtsniveau halten. Das Selbsthilfeprinzip bürgert sich ein. Der Staat soll nur dafür Sorge tragen, dass die Bürger dazu auch in der Lage sind. Für ihre eigene Wohlfahrt sind die Bürger selbst verantwortlich.

> **Hilf dir selbst, bevor der Staat dir hilft. Und meistere dein Leben aus eigener Kraft!**

Der »Hilf-dir-selbst«-Gedanke lässt die Idee der Selbsthilfegesellschaft aus den siebziger Jahren als neue Hilfeleistungsgesellschaft wieder aufleben – allerdings unter veränderten Vorzeichen. In der Nach-68er-Zeit war unter dem Namen »Selbsthilfegesellschaft« eine Protestbewegung entstanden, die sich gegen Abhängigkeit, Hörigkeit und staatliche Vereinnahmung richtete. Leitvorstellungen waren Solidarität, Ökologie und Basisdemokratie. Selbsthilfe wurde dabei als eine Art alternative Eigeninitiative verstanden – von der Wohngemeinschaft über das selbstorganisierte Jugendzentrum bis zum genossenschaftlichen Arbeitskollektiv.

Wenn wir heute von einer neuen Hilfeleistungsgesellschaft sprechen, dann ist damit keine alternative Idylle gemeint. Ganz im Gegenteil: Fern von allem Dogmatischen und Ideologischen geht es um freiwillige Hilfeleistungen und um die Stärkung der Bürger-Autonomie auf breiter Ebene, um die Entwicklung einer pragmatischen Selbsthilfebewegung ohne Randgruppenstatus. Die Einsicht in das Aufeinander-Angewiesensein resultiert aus der Erfahrung von Armutsrisiko und Existenzbedrohung.

> **Notstands- (nicht Wohlfahrts-)Denken zwingt zum Selbsthilfehandeln, weil der Sozialstaat ›schwächelt‹.**

Was der Staat den Bürgern in den letzten drei Jahrzehnten Zug um Zug an Verantwortung abgenommen hat, müssen sich die Bürger jetzt – wollen sie nicht scheitern – wieder zurückholen.

In der staatlichen Förderung sozialen Engagements muss umgedacht werden: Die persönliche Hilfeleistung durch informelles Engagement ist nachweislich um ein Vielfaches höher als die freiwillige Mitarbeit durch institutionelles Engagement.

Gelebte Solidarität findet bei der Bevölkerung mehr im Nahmilieu von Familie und Nachbarschaft statt.

Eine Politik, die zunehmend größeren Wert auf die Selbstverantwortung und Eigeninitiative legt, sollte daher mehr Anlässe und Gelegenheiten für Hilfeleistungen in informellen Lebensbezügen fördern. Hier wird niemand ›einverleibt‹ oder ›in die Pflicht‹ genommen. Die informelle Hilfeleistung ist freiwillig und zwanglos.

Die bisherige Diskussion um die Angleichung der Lebensverhältnisse in den neuen und alten Bundesländern krankt daran, dass sie fast ausschließlich materiell geführt und zur Geld- und Subventionsfrage degradiert wird. Ein ganz anderes Bild vermittelt die Sozialbilanz im Ost-West-Vergleich. Hier können die Westdeutschen von den Ostdeutschen und ihren gemachten Lebenserfahrungen lernen. Auch nach einem Vierteljahrhundert deutscher Einheit ist die größere Hilfsbereitschaft bei den Ostdeutschen erhalten geblieben.

Die Ostdeutschen erbringen mehr Hilfeleistungen für die Nachbarn. Ihr sozialer Zusammenhalt ist größer.

Den Ostdeutschen sind ökonomische Krisenerfahrungen nicht fremd. Viele Westdeutsche haben es in Wohlstandszeiten fast verlernt, für einander da zu sein oder sich gegenseitig zu helfen. Die spontane Hilfsbereitschaft im sozialen Umfeld von Wohnung und Nachbarschaft ist bei ihnen geringer ausgeprägt.

Die Wiederaufbaugeneration nach dem Krieg war beseelt von dem Gedanken »Unseren Kindern soll es einmal besser gehen!« Heute – vor dem Hintergrund weltweiter Krisen – scheint auf den ersten Blick eine ganz andere Forderung realistischer zu werden: »Unseren Kindern darf es künftig nicht schlechter gehen!« Im 20. Jahrhundert konnten die Amerikaner Kahn und Wiener noch die freudige Zukunftsbotschaft verkünden: »Ihr werdet es erleben!« 2009 rief Bill Clinton in Davos den versammelten Managern und Politikern eine ganz andere Heilsbotschaft zu: »Wir werden es überleben!« In kritischen Situationen sind die Menschen bereit, einen Teil ihrer hochgeschätzten persönlichen Freiheit zu opfern und der sozialen Sicherheit unterzuordnen.

Wenn die Bundesbürger in Zukunft so leben, wie sie heute eigentlich schon leben wollen, dann könnte aus dem »Made in Germany« ein »Created in Germany« werden: die Aktivierung von Initiative und sozialer Verantwortung. In diesem Prozess wird das Wohlbefinden der Menschen wieder genauso wichtig wie das Wohlergehen der Wirtschaft.

Die Zeit ist reif für eine zweite Wiederaufbauleistung, bei der die Deutschen wieder die Ärmel hochkrempeln.

18. Wissen, wofür man lebt

VON DER FLUCHT IN DIE SINNE
ZUR SUCHE NACH DEM SINN

Das Programm der Bundesregierung hatte nach der Meseberger Klausurtagung der Großen Koalition im Januar 2014 einen Namen bekommen: »Gutes Leben – Lebensqualität in Deutschland«. Es klang wie eine Verheißung »jenseits des Geldes«. Ressortübergreifend soll fortan ergründet und bearbeitet werden, was den Bürgern jenseits von Brot und Arbeit wichtig ist. Die Politik will Antworten auf die Frage geben, welche Ansprüche die Bürger »an ein gutes Leben stellen« (Angela Merkel am 14. Januar 2014).Konkret:

**Was müssen wir heute tun,
um morgen sorgenfrei leben zu können?**

Die Erklärung liegt nahe: Seit dem 11. September 2001 und den weltweiten Finanz- und Wirtschaftskrisen hat das Wirtschaftswachstum seine Aura als grenzenloser Fortschrittsmotor verloren. »Immer mehr« bedeutet für viele Menschen in Deutschland nicht »Immer besser«. Und ein höherer Lebensstandard geht nicht zwangsläufig mit einem Wachstum an Lebensqualität einher. Das neue alte Zukunftsthema für den Einzelnen wie für die Gesellschaft kann nur lauten: Heute gut – und morgen möglichst besser leben!

Dazu brauchen wir keine Haushaltsroboter oder Avatare, die für uns virtuell einkaufen gehen, keine fliegenden Autos und auch kein Wasser in allen Farben aus dem Duschkopf, allenfalls kompostierbare T-Shirts oder digitale Assistenzärzte, die uns gesund alt werden lassen.

Der griechische Philosoph Aristoteles gelangte vor über zweitausend Jahren zu der Erkenntnis: »Dass jedermann nach Wohlbefinden im Leben und nach Glück strebt, ist klar – ebenso aber, dass nur ein Teil der Menschen die Möglichkeit dazu hat« (Politik H 13). Dies gilt auch heute noch. Welche »Möglichkeit« (im Aristotelischen Sinne) oder gar Unmöglichkeit fördert oder verhindert ein zufriedenes Leben? Warum werden die Menschen trotz jahrhundertelang erträumten und vielfach auch erreichten Wohlstands nicht glücklicher?

Wohlstand als »unbeschreibliches Glücksgefühl« hilft hier nicht weiter – allenfalls als Summe vieler kleiner Freuden des Lebens, die den Menschen das glückliche Gefühl gibt, wenigstens zeitweilig einige wichtige Wünsche und persönliche Ziele des Lebens zu erreichen. Wenn dies gelingt, wird Wohlstand zur Lebensqualität.

Lebensqualität zählt zu den höchsten Werten einer modernen Gesellschaft. Doch anders als in früheren Jahrzehnten, in denen es in erster Linie um die Schaffung materieller Werte und die Erhöhung von Güterproduktionen ging, geht es heute mehr um neue Bedürfnisse und neue Werthaltungen, neue Ansprüche und neue Dienstleistungen. Auf einen Nenner gebracht: individuelles Wohlergehen und privates Glück in Partnerschaft, Familie und Freundeskreis, eine berufliche Arbeit haben und genügend Zeit zum Leben und Erleben.

Im 21. Jahrhundert brauchen wir neue Maßstäbe für Lebensqualität.

Das Zufriedensein ist eher das Ergebnis einer verstandesmäßigen Bewertung, während das Glücklichsein mehr einen

Gefühlszustand beschreibt, der sich aus positiven Erlebnissen und Erfahrungen ableitet. Die Erfahrung von Glück unterliegt ganz der subjektiven Bewertung.

Wie können wir uns wieder bescheidenere Ziele setzen, bei denen weniger auch mehr sein kann? Auf einen Nenner gebracht: eine Arbeit und eine Familie haben, gesund sein und gut und sorgenfrei leben können. Mit einem Wort: Grundgeborgenheit. Wohlfühlen und wissen, dass es einem gut geht. Nicht mehr, aber auch nicht weniger. So behält auch der biblische Satz aus den 10 Geboten für das veränderte Wohlstandsverständnis im 21. Jahrhundert seine Gültigkeit: alles dafür tun, »dass es dir wohlergehe und du lange lebest auf Erden!« Wiederentdeckt wird das persönliche und soziale Wohlergehen. Und das kann auch bedeuten: gut leben statt viel haben!

Wenn Wohlstandspolitik auch Wohlfahrtspolitik sein soll, dann müssen alle gut leben können. Und aus der Nachkriegsformel des 20. Jahrhunderts »Wohlstand für alle« muss im 21. Jahrhundert die Forderung »Wohlergehen für alle« werden. Die Menschen leben dann sicher nicht in der Besten aller Welten. Aber sie können – auf der Basis von Wachstum, Wohlstand und Lebensqualität – das Beste aus ihrem Leben machen. Jede(r) für sich – auf seine/ihre individuelle Weise.

Ein werthaltiges Wohlstandsdenken setzt sich durch: Ein intensives Naturerleben ist wohltuender und intakte soziale Beziehungen sind beglückender als die Anhäufung materieller Wohlstandsgüter.

Beim werthaltigen Wohlstand geht es um das Gelingen des Lebens: Geld spielt nicht mehr die erste Geige.

Wohlergehen im Sinne von Glück und Zufriedenheit ist nachweislich immer dort am größten, wo mehr Zeit in mitmenschliche Beziehungen investiert wird. Das soziale Kapital garantiert mehr Lebensglück als das Einkommenskapital. Konsumverzicht ist sicher keine realistische Alternative. Aber es lohnt sich schon, darüber nachzudenken, ob der Wunsch nach Immer-Mehr wirklich ein persönlicher Lebensgewinn ist. Wer alles bedenkenlos haben »will« und »muss«, verkleinert letztlich seine individuellen Freiheitsspielräume. Denn: Mehr haben und besitzen heißt auch: mehr arbeiten, mehr verdienen – und weniger Zeit für sich und andere.

Die Menschen denken wieder nachhaltiger – und verhalten sich auch zunehmend so. Sie stellen sich die Frage, was im Leben wirklich wertvoll und wichtig und was – wenn auch schweren Herzens – gegebenenfalls entbehrlich ist. »Wohlergehen« ist mittlerweile selbst für Gewerkschaften (z.B. IG Metall) zum Synonym für ein »gutes Leben« geworden. Es schließt Zukunftsvorsorge mit ein – von der Gesundheitsvorsorge bis zur Pflege stabiler sozialer Beziehungen in Familie, Freundeskreis und Nachbarschaft.

> **Wohlstand neu denken:**
> **Die Gewinnmaximierung des ganz persönlichen Lebens rückt in das Zentrum.**

Was folgt daraus? Wir machen eine Periode der Erneuerung durch[1]. Erneuerung heißt vor allem:
- gesellschaftliche Aufwertung von Familie und Kindern als Grundbausteine der Gesellschaft;
- vorrangige Förderung von Bildung und Kultur;
- grundlegende Neubewertung von Leistung, wobei auch unbezahlte Arbeiten für die Gemeinschaft – von der Familien-

arbeit bis zur Freiwilligenarbeit im sozialen Bereich – in die Bewertung und Berechnung des Bruttosozialprodukts mit einbezogen werden müssen. Dies schließt eine größere gesellschaftliche Anerkennung ehrenamtlicher Engagements und freiwilliger Mitarbeit in Vereinen, Institutionen und Initiativen mit ein.

In Zukunft kann Wohlstand auch bedeuten, weniger Güter zu besitzen und doch besser zu leben. Eine Neubesinnung auf das Beständige findet statt. Und das ist immer weniger nur eine Frage des Geldes. Vor die Alternative gestellt will man im Einzelfall lieber glücklich als reich sein.

Die Wohlstandsformel in Bertolt Brechts Dreigroschenoper – »Nur wer im Wohlstand lebt, lebt angenehm« – wird im 21. Jahrhundert neu bewertet.

Wohlstand wird zu einer Frage des persönlichen und sozialen Wohlergehens.

In Afrika, so erzählt man, gibt es zwei Arten von Hunger – den kleineren und den größeren. Der kleinere Hunger gilt den Dingen, die das Leben in Gang halten, also den Gütern, den Dienstleistungen und dem Geld, das wir brauchen, um alles bezahlen zu können. Der größere Hunger aber gilt den Antworten auf die Frage »Warum?«, die Erklärungen dafür geben, wozu dieses Leben gut sein soll. Diese Geschichte – von dem irischen Psychologen Charles Handy[2] erzählt – macht anschaulich klar, dass viele Menschen in den westlichen Konsumgesellschaften allzu lange, vielleicht auch allzu naiv daran geglaubt haben, dass der Hunger nach Geld und materiellem Wohlstand auch den größeren Hunger nach Sinn stillen und die Menschen zufriedener machen könnte. In Wirklichkeit stellt der Sinn-Hunger nicht einfach nur eine Erweiterung des Geld-Hungers dar, sondern ist etwas völlig anderes.

Aus kultursoziologischen Forschungen geht hervor, dass es Menschen im Mittelbereich zwischen Not und Überfluss subjektiv am besten geht. Diesen Menschen fehlt noch etwas, wofür sich Arbeit und Anstrengung lohnen. Ihr Leben hat schließlich eine Richtung: nach oben. Und die Erfahrung lehrt: Menschen, die nach oben wollen, haben eher Mittel-Krisen – Menschen, die oben sind, dagegen Sinn-Krisen. Die einen sind noch unterwegs, die anderen sind schon angekommen[3]. Bedroht ist nicht mehr das Leben, sondern sein Sinn.

Wer kann wem noch trauen? Für drei Viertel der Bevölkerung in Deutschland ist die Frage längst beantwortet: Sie vertrauen auf den Zusammenhalt der Gesellschaft und begreifen Vertrauen als sozialen Kitt.

Vertrauen als sozialer Kitt ist die wichtigste Währung für die Demokratie.

Jede Gesellschaft braucht für den sozialen Zusammenhalt ein Mindestmaß an Vertrauen – im zwischenmenschlichen Bereich genauso wie in der Politik, in den weltweiten Wirtschafts- und Handelsbeziehungen sowie im Arbeits- und Geschäftsleben – von der Mitarbeitermotivation bis zur Kundenbindung. Auch und gerade in der ganz privaten Kontaktpflege in Familie und Freundeskreis, Nachbarschaft und sozialem Netzwerk ist Vertrauen unverzichtbar. Vertrauen ist mehr als nur die negativ definierte Abwesenheit von Misstrauen. Vertrauen fängt mit dem Selbstvertrauen an. Die Bürger trauen der Politik immer weniger, aber sich selbst und anderen immer mehr zu.

Geld allein macht nicht glücklich. Unbezahlte freiwillige Tätigkeiten stellen eine wichtige Lebensaufgabe dar – auch jenseits von Konto und Karriere. Jeder Mensch braucht eine Aufgabe über alle Lebensalter hinweg. Das ist schließlich Lebensgestaltung mit Sinn (und nicht nur gegen Geld). Immer vorausgesetzt, dass das übrige Ein- und Auskommen gesichert ist. Es ist daher kein Zufall, dass z.B. die Besserverdienenden die Wichtigkeit einer solchen unbezahlten Tätigkeit stärker betonen als etwa die Bezieher unterer Einkommen.

> **Sinn statt Geld: Das ist die angemessene Honorierung für soziales Engagement.**

Eine Umbewertung des Lebenssinns zeichnet sich für die Zukunft ab. Lebenssinn kann für viele Menschen auch heißen, in außerberuflichen Tätigkeiten das zu suchen, was sie in der Erwerbstätigkeit nicht mehr finden können: Sinnbezug, Selbstdarstellung und Erfolgserleben.

Von der alten Lebensregel aus den frühen sechziger Jahren »Mehr Geld = Mehr Glück«[4] heißt es endgültig Abschied zu nehmen. Für die neue Generation Superior geht es um Fragen der Intensivierung des Lebens und um die stärkere Einbeziehung der Sinndimension. Sie hat in ihrem Leben viel erreicht und gibt sich auch mit dem Erreichten weitgehend zufrieden. Nicht ihren Lebensstandard will sie weiter verbessern, sondern ihre Lebensqualität.

> **Wertewandel: Weniger haben – besser leben, weniger verdienen – mehr vom Leben haben.**

Eigentlich könnten sich die heutigen Senioren den Luxus erlauben, die verdiente Muße ohne schlechtes Gewissen zu genießen. Andererseits wollen sie noch mehr aus ihrem Leben machen. So sind sie hin- und hergerissen zwischen Muss und Muße. Das scheinbar grenzenlose Angebot an Möglichkeiten hat die Sinnfrage eher noch verschärft. Glück ist schließlich nicht käuflich. Mit der Entdeckung und zunehmenden Kommerzialisierung der »Zielgruppe Best Ager« ist auch eine Verlagerung von Handlungsautonomie verbunden: Ein Rundumsorglos-Service für Senioren kann manche Selbstständigkeit verkümmern lassen. Die Senioren spüren dies und wollen sich zu Recht aus dem einlullenden Konsum-Käfig befreien.

Hinter dem »Muss«, auch im Alter ein sinnerfülltes Leben zu leben, verbergen sich Forderungen nach Leistung und Erfolg: Nur erfolg-reiches Altern (»successful aging«) garantiert soziale Anerkennung auf Dauer. Die Sinnfrage an die Zukunft lautet:

> **Lebensqualität im Ruhestand ist nicht das, was mir geboten wird, sondern das, was ich daraus mache.**

Das lange Leben bekommen Ruheständler nicht einfach zum Zeittotschlagen geschenkt. Sie »müssen« schon selber etwas daraus machen, um auch vor sich selbst bestehen zu können. In dieser Spannung zwischen Muss und Muße bekommt ihr Leben seinen Sinn. Die Generation Superior erkennt: Jeder Mensch braucht eine Aufgabe, will also weder über- noch unterfordert werden. Das ist die Antwort auf die Frage, wofür man lebt.

Das Zeitalter ständiger Erlebnissteigerungen geht zu Ende, die Faszination kurzlebiger Trends auch. Es reicht nicht mehr aus, nur noch reaktiv zu leben. Statt passiver Anpassung ist im 21. Jahrhundert wieder mehr aktive Gestaltung gefragt. Die Erlebnisgesellschaft des 20. Jahrhunderts glich einem

Gärtner, der immer wieder neu aussäte und die nachgewachsenen Pflanzen nach einiger Zeit als Unkraut entfernte. Die Alltagswirklichkeit bestand aus einem Leben von lauter kleinen kurzlebigen Episoden. Die Zeit schien geradezu von einem galoppierenden Episodismus befallen und einander jagenden Erlebnistrends ergriffen zu sein. Diese Jagd war einer Geisterbahnfahrt vergleichbar: Nach jeder Kurve erschreckte uns ein neues Gespenst, bis das Erschrecken zum zentralen Amüsement wurde.

Das 21. Jahrhundert kann ein Sinnzeitalter werden: von der Flucht in die Sinne zur Suche nach dem Sinn.

Statt also wie der Barbier von Sevilla ständig »Figaro hier, Figaro da« zu rufen, ist jetzt wieder Stabilität und mehr soziale Beständigkeit gefragt. Diese Bewegung wird aber nur bedingt kommerzialisierbar und konsumierbar sein. Die Sinnorientierung wird vielmehr zur wichtigsten Ressource der Zukunft und zu einer großen Herausforderung der Wirtschaft in Wohlstandsländern.

Mit jedem neuen Konsumangebot muss zugleich die Sinnfrage »Wofür das alles?« beantwortet werden. Zukunftsmärkte werden immer auch Sinnmärkte sein – bezogen auf Partnerschaft und Familie, Gesundheit und Natur, Kultur und Religion. Letztlich geht es um Lebensqualität. Wertebotschaften statt Werbebotschaften heißt dann die Forderung der Verbraucher, die sich zunehmend als eine Generation von Sinnsuchern versteht.

Von Konsumverzicht will die Generation Superior wenig wissen, dafür umso mehr von der Werthaltigkeit des Konsums: Das »Selbst«wertgefühl soll gestärkt werden, ohne dabei den

»Sozial«wertcharakter aus den Augen zu verlieren. Die neue Paradigmenverbindung fördert Individualität und Geborgenheit, ermöglicht das Bei-sich-Sein, ohne das Dazu-Gehören auszuschließen. Beides trägt nachhaltig zur Bereicherung der eigenen Lebensqualität bei.

19. Gut leben statt viel haben
VOM WOHLLEBEN ZUM WOHLERGEHEN

Es macht auf Dauer nicht glücklich, wenn man immer das bekommt, was man sich wünscht. Kurzfristig mag man sich glücklich fühlen; langfristig erzeugen jedoch weder ein neues Auto noch ein Zweitfernseher die gleichen Glücksgefühle wie am Anfang. Menschen fühlen sich subjektiv immer dann am wohlsten, wenn Ansprüche und Möglichkeiten im Gleichgewicht sind. Leben Menschen über längere Zeit im Wohlstand, steigen ihre Ansprüche entsprechend ihrer Lebenssituation. »Glück« ist also nicht das Ergebnis von Wohlstand, sondern nur eine vorübergehende Folge des Umstandes, dass es einem im Augenblick besser geht als vorher.

Die menschliche Natur braucht den Prozess der Anpassung zum Leben und Überleben, weil sonst die Erfüllung aller Wünsche unweigerlich zur Übersättigung führt und unzufrieden macht. Eine Haupterklärung dafür, warum Wohlhabende nicht unbedingt glücklicher sind. Während früher materielles Wohlergehen und physische Sicherheit ganz im Vordergrund standen, wird künftig mehr Gewicht auf die immaterielle Lebensqualität gelegt[1]. Es breitet sich der Wunsch nach den schönen Dingen des Lebens aus.

Der Schlüssel zur Frage von Lebensglück ist primär in der Persönlichkeitsstruktur eines Menschen verankert. Wenn Glück so stark von biografischen Gegebenheiten und subjektiven Erwartungshaltungen geprägt ist, kann eine vollkommen glückliche und zufriedene Gesellschaft nur eine unerreichbare Utopie sein. Weniger auszuschließen ist hingegen die rapide Zunahme oder gar Eskalation von allgemeiner Unzufriedenheit in einer

Gesellschaft. Eine solche Entwicklung birgt erheblichen sozialen Zündstoff.

Dies gilt vor allem für die Bevölkerungsgruppen, bei denen sich Anlässe für Unzufriedenheit häufen (z.B. bei Arbeitslosigkeit, Armut). Die Situation solcher Minderheiten ist umso problematischer und brisanter, je besser es der Mehrheit geht[2]. Gesellschaft und Politik sollten keinen Wohlstandsgraben zwischen Minder- und Mehrheiten aufkommen lassen und spürbar ungleiche Verteilungen von Lebensqualität in einer Gesellschaft systematisch abbauen.

Für die Politik sind Informationen über das subjektive Wohlergehen der Bürger von fundamentaler Bedeutung.

Es kann sicher nicht Aufgabe des Staates sein, jedem Bürger ein sorgenfreies und glückliches Leben zu garantieren, was gesellschaftlich auch gar nicht wünschenswert wäre. Denn wahrgenommene Defizite stellen eine wichtige Antriebskraft für individuelle Veränderungen und sozialen Wandel dar. Aufgabe staatlicher Politik ist es vielmehr, solche Lebensbedingungen zu schaffen, unter denen die Bürger über genügend Ressourcen und Kompetenzen verfügen, sich um ihr subjektives Wohlergehen selber zu kümmern. Ein Gleichgewichtszustand zwischen Ansprüchen und Möglichkeiten ist anzustreben. Jedenfalls birgt eine zu große Kluft ein erhebliches Konfliktpotential in sich.

Die Erfahrung zeigt, dass es Menschen im Mittelbereich zwischen Not und Überfluss subjektiv am besten geht.

Wenn Menschen glücklich sind, schweben sie einen Moment lang zwischen Himmel und Erde – beim Fallschirmsprung oder beim Sonnenbaden, beim beruflichen Erfolgserlebnis oder in der Liebesnacht. Der schöne Augenblick könnte ewig dauern. Schon Augustinus verglich in seinen Bekenntnissen (»Confessiones« 7: 17/PL 32,745) den Zustand unsäglichen Glücks mit dem Moment eines zitternden Augenaufschlags. Glücklich sein, heißt vor allem »im Augenblick glücklich sein«. Das Glück[3] liegt nicht im wunschlosen Glücklichsein.

Im subjektiven Empfinden ist Lebensqualität ein Synonym für eine schöne angenehme Stimmungslage, nicht euphorisch, eher moderat. Eckpfeiler für das Wohlgefühl sind Wahlfreiheit und Naturnähe: zwanglos und ohne Zeitdruck sein, das Gefühl der Weite im Sinne von Wahlfreiheit und eine immer mitschwingende Sehnsucht nach Naturnähe im übertragenen Sinn: In-sich-selbst-Ruhen und Eins-Sein mit der Natur.

Die emotionale Ebene der Lebensqualität resultiert aus dem Bedürfnis nach Abschalten und Abreagieren, nach Aufbauen und Auftanken. Man will sich vom Leistungsdruck lösen, sehnt sich nach Ausgeglichenheit und Gelassenheit. Doch das Wohl-Gefühl stellt sich nur vorübergehend ein. Aus Angst, in Lethargie zu verfallen, entsteht schnell wieder der Anspruch, etwas machen zu müssen. Wohlfühlen bedeutet zwar »Entspannung total« oder »Schlafen und Versinken«, birgt aber auch die Gefahr der Starre und des Erstarrens in sich. Dieses Gefühl verunsichert, lässt den Wunsch nach Lebendigkeit und Dynamik aufkommen.

Wenn es das Wort Lebensqualität nicht gäbe, dann blieben immer noch Lebensfreude und das Leben an sich. Vielleicht wird Lebensqualität als der umfassendste Begriff empfunden, weil er Freiheit und Selbstverwirklichung genauso wie Zufriedenheit und Glücklichsein beinhaltet.

In dem Fühlen und Füllen des Lebens liegt für viele Menschen die Grundfunktion der Lebensqualität.

Manchmal kann Lebensqualität auch nur ein Traum, eine Hoffnung oder eine Illusion vom wahren Leben sein. Doch das Nahziel ist klar: »Schöner leben« zwischen Wärme, Unbeschwertheit und sozialer Geborgenheit.

Die größte gesellschaftliche Herausforderung wird im 21. Jahrhundert nicht die Finanzierung der Renten, sondern die Erhaltung der Lebensqualität sein. Es wird eine Probe auf die Menschlichkeit der Gesellschaft von morgen sein, ob in ihr auch diejenigen zu ihrem Recht auf Lebensqualität kommen, die es selber nicht mehr fordern können.

Die Frage an die Zukunft ist nicht, ob wir alle hundert Jahre alt werden, sondern ob es sich lohnt und ob es erstrebenswert ist, ein langes Leben vor sich zu haben. Die demografische Entwicklung ist daher auch eine Herausforderung an die Humanität einer Gesellschaft. Es geht schließlich um die Sicherstellung einer humanen und sozialen Zukunft.

Immer mehr Menschen leben immer länger. Innerhalb der drei älteren Generationen (50plus - 65plus - 80plus) kann es in Zukunft zu einer Polarisierung unterschiedlicher Lebensstile kommen. Verschiedene Altersmilieus bilden sich dann heraus. Jüngere und Gesündere versuchen, sich von Älteren und Kranken abzugrenzen[4]. Aktiv-Dynamische distanzieren sich von Hilfs- und Pflegebedürftigen. Selbstbewusst werden sich die einen rund um die Uhr aktiv geben, weil sie noch etwas aus ihrem Leben machen können, und die anderen aus gesundheitlichen Gründen eher passiv sein, die sich ausruhen müssen.

Die Zukunft hat längst begonnen. Denn die Rentner von 2050 sind alle schon geboren.

In der ganzen Welt breitet sich der demografische Prozess langsam, ja fast leise aus. Diese Revolution auf leisen Sohlen bewirkt, dass sich z.b. der Anteil der über 60-Jährigen in Bangladesh in den nächsten fünfzig Jahren fast versechsfacht. Immer mehr geburtenstarke Jahrgänge erreichen dann das Seniorenalter. In UNO-Kreisen wird dieser epochale demografische Wandel provozierend in die Formel gebracht: »Das Problem ist nicht, dass die Menschen sich wie die Kaninchen vermehren, sondern dass sie nicht mehr sterben wie die Fliegen.«[5] Eine problematische Paradoxie zeichnet sich ab: Während die Industrieländer zuerst wohlhabend wurden und dann alterten, altern die Entwicklungsländer, bevor sie wohlhabend werden.

Wird die tendenzielle Geriatrisierung der Welt in Zukunft zu neuen Verteilungskämpfen zwischen Jung und Alt führen? 2050 werden allein in Deutschland etwa acht Millionen Bürger achtzig Jahre oder älter sein. Anschaulich in ein Bild gebracht: In acht Millionenstädten in Deutschland würden dann nur Hochaltrige leben; etwa drei Viertel von ihnen würden Frauen sein. Die Zunahme der Hochaltrigkeit kann zur neuen sozialen Herausforderung in Deutschland werden.

In der öffentlichen Diskussion spielen bisher soziale Aspekte der alternden Gesellschaft nur eine marginale Rolle, weil Finanzierungsfragen im Zentrum stehen. Erst wenn der Geldfaktor der Altersvorsorge ausdiskutiert ist und – positive wie negative – Lösungsansätze und Entscheidungen anstehen, werden viele Bürger spüren, dass sie bei ihrer Lebensplanung die soziale Komponente vergessen haben.

Soziale Lebensplanung zwischen Sorg- und Gedankenlosigkeit werden sich die Menschen in Zukunft nicht mehr leisten können. »Kein Geld«, »keine Zeit« oder »kein Interesse« erweisen sich dann als dürftige Erklärungs- und Rechtfertigungsversuche. Der Paradigmenwechsel vom Wohlleben zum Wohlergehen bleibt nicht folgenlos.

Gut leben statt viel haben.
Das ist die neue Leitlinie des Lebens.

Antworten auf die Frage, was das Leben wirklich lebenswert macht, müssen gefunden werden – und das nicht erst seit heute. Zwei Tage, nachdem sich Robert Kennedy zum amerikanischen Präsidentschaftskandidaten erklärt hatte, hielt er am 18. März 1968 in der University of Kansas folgende Rede: »Wir haben bisher zu sehr und zu lange persönliche Vervollkommnung (»personal excellence«) und Gemeinschaftswerte (»community values«) aufgegeben zugunsten schierer Anhäufung materieller Werte. Unser Bruttonationaleinkommen rechnet Luftverschmutzung ein und Krankenwagen, die das Blutbad unserer Highways ausräumen. Es rechnet Spezialschlösser für unsere Türen ein und Gefängnisse für die Leute, die sie aufbrechen. Es rechnet die Zerstörung des Mammutbaums ein und den Verlust unserer Naturwunder durch chaotische Zersiedelung. Es rechnet Atomsprengköpfe und Panzerwagen für die Polizei im Kampf gegen Aufstände in unseren Städten ein. Und die Fernsehprogramme, die Gewalt verherrlichen, um Spielzeug an unsere Kinder zu verkaufen.

Aber das Bruttonationaleinkommen hat keinen Platz für die Gesundheit unserer Kinder, die Qualität ihrer Erziehung und ihre Freude beim Spiel. Es beinhaltet weder die Schönheit unserer Poesie noch die Stärke unserer Ehen. Es misst weder unsere Weisheit noch unser Lernen, weder unser Mitgefühl noch unsere Hingebung an unser Land. Kurzum: Es misst alles außer dem, was das Leben lebenswert macht (except that which makes life worthwhile).«

Seither ist fast ein halbes Jahrhundert vergangen und wir haben auch in Deutschland noch immer keine qualitative Ergänzung für das Bruttoinlandsprodukt (BIP). Das BIP gilt mittlerweile als unvollständig und zu einseitig materiell fixiert. Ressourcenverbrauch oder Artensterben bleiben ausgeblendet, das Wohlergehen der Bürger eines Landes auch.

Das BIP erfasst nur Güter (Waren und Dienstleistungen), die am Markt mit Geld und Preisen gehandelt werden. Nichtmonetäre Betreuungsarbeiten und freiwillige ehrenamtliche Tätigkeiten werden nicht berücksichtigt. Auch immaterielle, aber individuell bedeutsame Leistungen kreativer, sportlicher und intellektueller Art werden nicht erfasst, ebenso wenig Lebensqualitäten wie Gesundheit und Geborgenheit oder Naturschönheit und Umweltqualität. Andererseits tragen Prozesse der Zerstörung (»Abwrackprämie« für Autos; Verschmutzung und Zerstörung von Natur und Landschaft durch touristische Infrastrukturen u.a.) zur Steigerung des BIP bei, während qualitative Aspekte des Wachstums wie Sozial- und Umweltverträglichkeit, gerechte Verteilung und Förderung des Wohlergehens der Menschen weitgehend außer Betracht bleiben.

Weil also das BIP bisher »kein umfassendes Bild gesellschaftlichen Wohlstands« (Enquête-Kommission) vermittelt, muss alternativ oder ergänzend ein umfassender ganzheitlicher Wohlstands- und Fortschrittsindikator als Grundlage für politische Entscheidungen entwickelt werden. Dieser WohlstandsIndex muss Messbarkeit und Vergleichbarkeit gewährleisten, also repräsentativ, objektiv und verlässlich sein. In diese

Richtung zielt der gemeinsam vom Hamburger Ipsos-Institut und mir entwickelte Nationale WohlstandsIndex für Deutschland (NAWI-D), der auf der Basis von mittlerweile 30.000 befragten Personen in Deutschland einen grundlegenden Paradigmenwechsel vom Wohlleben zum Wohlergehen feststellt[6].

> **Aus der Wohlstandsgesellschaft wird eine Zusammenhaltsgesellschaft mit mehr Gemein- und Bürgersinn.**

Die Logik des Immer-Mehr funktioniert nicht mehr. Wirtschaftswachstum ist nach der anerkannten Definition des Sachverständigenrats das Ergebnis der Anstrengungen der Menschen, »es besser zu machen als bisher« (Jahresgutachten 1975/76 – Ziffer 294). Die Japaner haben hierfür ein eigenes Wort: »kaizen« – und das bedeutet ständige Verbesserung.

In sozial und ökonomisch unsicheren Zeiten stößt das Immer-Mehr auch an seine psychologischen Grenzen, so dass die Menschen Wohlstand neu denken müssen: Sie gleichen ökonomische Wohlstandsdefizite durch Wohlstandsqualitäten in anderen Bereichen des Lebens aus – durch Familie, Freunde, Frieden, Freiheit und Natur. Das sind die nachhaltigen Bestimmungsfaktoren für Wohlstand und Lebensqualität im 21. Jahrhundert.

> **Demografischer Wandel und Langlebigkeit verändern unsere Lebenskonzepte grundlegend.**

Die Interessen richten sich jetzt mehr auf das »ganze Leben«, von dem das Erwerbsleben nur ein Teil ist. In der Hierarchie der Lebensqualitäten dominieren im 21. Jahrhundert drei Lebenskonzepte:

- Erstens das gesundheitsorientierte Lebenskonzept, in dem Gesundheit als das wichtigste Lebensgut angesehen wird. Gesundheitserhaltung und -förderung stehen im Zentrum des Lebens.
- Zweitens das sozialorientierte Lebenskonzept, in dem Partnerschaft, Familie und Kinder den zentralen Identifikationsbereich darstellen und in dem auch Freundschaften im Leben wirklich wichtig sind.
- Drittens das naturorientierte Lebenskonzept, das im Laufe des Lebens mit dem Älterwerden immer bedeutsamer wird.

Es verstärkt sich die Suche nach Sinn, Halt und Heimat. Im Zeitvergleich ist feststellbar, dass sich die Menschen wieder mehr für eine bessere Gesellschaft interessieren und auch mithelfen wollen, eine bessere Gesellschaft zu schaffen – durch mehr Familiensinn, mehr Gemeinsinn und mehr Bürgersinn.

Die Menschen legen mehr Wert auf nachhaltigen Wohlstand, der nicht nur von Börsenkursen abhängig ist.

So bleibt am Ende für jeden Einzelnen eigentlich nur noch eine ganz persönliche Zukunftsfrage offen: »Wie will ich eigentlich leben?« Wer persönliches Wohlergehen (und nicht nur materiellen Wohlstand) erreichen will, der/die sollte – neben den 10 Geboten – die folgenden Empfehlungen für ein gelingendes Leben im 21. Jahrhundert beherzigen:
1. Bleib nicht dauernd dran; schalt doch mal ab.
2. Versuche nicht, permanent deinen Lebensstandard zu verbessern oder ihn gar mit Lebensqualität zu verwechseln.

3. Knüpf dir ein verlässliches soziales Netz, damit dich Freunde und Nachbarn als soziale Konvois ein Leben lang begleiten können.
4. Mach die Familie zur Konstante deines Lebens und ermutige Kinder und Jugendliche zu dauerhaften Bindungen.
5. Definiere deinen Lebenssinn neu: Leben ist die Lust zu schaffen.
6. Genieße nach Maß, damit du länger genießen kannst.
7. Mach nicht alle deine Träume wahr; heb dir noch unerfüllte Wünsche auf.
8. Du allein kannst es, aber du kannst es nicht allein. Hilf anderen, damit auch dir geholfen wird.
9. Tu nichts auf Kosten anderer oder zu Lasten nachwachsender Generationen. Sorge nachhaltig dafür, dass das Leben kommender Generationen lebenswert bleibt.
10. Verdien dir deine Lebensqualität – durch Arbeit oder gute Werke: Es gibt nichts Gutes; es sei denn, man tut es.

Auch und gerade in Zukunft behält der Satz des römischen Philosophen und Politikers Seneca aus seinem Werk über die Kürze und zeitliche Begrenztheit des Lebens (»De brevitate vitae«) seine Gültigkeit: Leben muss man das ganze Leben lang lernen!

»Erfüllt leben«: Wie geht das wirklich?

GENERATIONENGESPRÄCH
ZWISCHEN DER TOCHTER IRINA PILAWA (44) UND DEM VATER HORST OPASCHOWSKI (75)

IRINA PILAWA: Wie alt möchtest Du gerne werden?

HORST OPASCHOWSKI: 87,5 Jahre, vielleicht sogar 92,3 ...

IRINA PILAWA: ... wie kommst Du denn auf diese komischen Zahlen?

HORST OPASCHOWSKI: Das weißt Du doch, ich arbeite und spiele gerne mit Zahlen. Mein Zahlenspiel mit dem Lebensalter hat schon lange das persönliche Fernziel: »Ich will 87,5 Jahre alt werden!« Einfach so. Und ich werde fast alles dafür tun, dieses Alter auch zu erreichen. Du siehst mich dabei so ungläubig an ...

IRINA PILAWA: ... und wenn Du wirklich 87,5 Jahre alt wirst: Was ist dann?

HORST OPASCHOWSKI: Dann setze ich mir ein neues Ziel. Eben 92,3 Jahre. Also nicht zu nah, damit sich die Anstrengung auch lohnt – aber auch nicht zu weit weg, damit mein gestecktes Ziel nicht zu illusorisch wird. Step by Step, immer kleine, aber erreichbare Ziele setzen. Das macht übrigens einen wesentlichen Teil meines Glücksgefühls aus. Glückserleben fällt ja nicht einfach vom Himmel, das muss man auch wollen.

IRINA PILAWA: Du gehst so selbstverständlich davon aus, dass Du immer so fit bleibst wie jetzt. Aber was ist, wenn Du mit 88 Jahren plötzlich feststellst: »Mein Gedächtnis lässt nach, das Lesen fällt mir schwer, es kostet mich immer mehr Kraft, meinen Alltag zu meistern.« Glaubst Du, dass Du auch dann so optimistisch nach vorne gucken würdest?

HORST OPASCHOWSKI: Nein, natürlich nicht. Ich werde mich mit mir arrangieren und meine Mängel akzeptieren müssen, so schwer es auch immer fällt. Mit Durchhängern und »Depri«-Phasen muss ich rechnen. Dann heißt es eben: Augen zu – und durch! Dein antizipiertes Altersbild ist durchaus realistisch. Das kann ich mir schon vorstellen. Meine Phantasie reicht aber nicht aus, um Dir jetzt sagen zu können, was ich dabei fühlen werde ...

IRINA PILAWA: Aber was machst Du, wenn Du Dich mal richtig schlecht fühlst?

HORST OPASCHOWSKI: Dann kämpfe ich dagegen an. Und es kann passieren, dass ich laut das Pippi Langstrumpf-Lied auf der Straße singe »Widdewiddewit und Drei macht Neune. Ich mach mir die Welt. Widdewidde wie sie mir gefällt ...«

IRINA PILAWA: Machst Du Dir da nicht etwas vor?

HORST OPASCHOWSKI: Ja – aber ob Du es glaubst oder nicht: Es funktioniert! Ich bin plötzlich besser gestimmt und komme auf andere Gedanken.

IRINA PILAWA: Klingt aber trotzdem ein bisschen, als würdest Du Dich im Alter wieder in ein Kind zurückverwandeln, das trotzig sagt: »Ich mache, was ich will, wenn's schwierig wird, müssen die Erwachsenen ran.«

HORST OPASCHOWSKI: Man muss nicht kindisch sein, wenn man sich im Leben mitunter wie ein Kind freuen oder einfach nur ablenken lassen kann. Vielleicht ist dies eine Lebenskunst, an die man sich beim Älterwerden wieder erinnert.

IRINA PILAWA: Musst Du immer positive Ziele vor Augen haben?

HORST OPASCHOWSKI: Wenn irgend möglich, ja. Morgens aufwachen und sich fragen: Worauf kannst Du Dich heute freuen? Das ist doch schon die halbe Miete des Tages. Der Lebensalltag hat natürlich zwei Gesichter. Schließlich bin ich nicht blauäugig und naiv. Probleme gibt es immer, sie belasten und können einen gelegentlich fast erdrücken. Doch auch hier hilft eine aktive Lebenseinstellung. Probleme sind dazu da, gelöst zu werden.

IRINA PILAWA: Für Dich ist das Glas immer halb voll, aber Du bist doch garantiert nicht mit dieser Einstellung auf die Welt gekommen. Zumal Du ja auch gesundheitlich zu kämpfen hast, seit Du 20 bist! Ich kann mir nicht vorstellen, dass die Welt damals für Dich auch schon rosarot war.

HORST OPASCHOWSKI: Du hast Recht; das war nicht immer so. Schon mit zwanzig Jahren hatte man mir eine schwere rheumatische, unheilbare Erkrankung mit regelmäßigen Schüben und Schmerzattacken diagnostiziert. Ich habe sie zeitlebens als das ›persönliche Päckchen‹ angenommen, das fast jeder im Leben tragen muss, und mich fortan als gesund definiert. Das kann man sicher nicht auf alle Menschen übertragen. In meinem Fall hat es geholfen. Gute Voraussetzungen jedenfalls, um vielleicht doch noch hundert Jahre alt zu werden …

IRINA PILAWA: ... wie schaffst Du es eigentlich, Dich immer wieder zu motivieren?

HORST OPASCHOWSKI: Ich setze mir Ziele, brauche Ziele und betrachte das Leben als Aufgabe, aber nicht als bloßen Aktionismus. Balancing, Leben im Gleichgewicht, könnte mein Lebenskonzept lauten. Stress ist schön – wenn die Entspannung auf dem Fuße folgt. Dies setzt allerdings ein weitgehend selbstbestimmtes Leben voraus. Klar, das ist nicht immer leicht und bequem, wenn andere einem das Leben schwer machen oder gar machen wollen.

IRINA PILAWA: Klingt, als hättest Du alles geschafft, als ob das Navi Deines Lebens sagt: »Sie haben Ihr Ziel erreicht.« Hast Du Träume, die noch offen sind?

HORST OPASCHOWSKI: Du kennst doch meine »10 Gebote für das 21. Jahrhundert«. Das 7. Gebot heißt: »Mach nicht alle deine Träume wahr; heb' Dir noch unerfüllte Wünsche auf.« Ich halte es gerne mit dem Dichter Hölderlin: »Ein Gott ist der Mensch, wenn er träumt, ein Bettler, wenn er nachdenkt.« Wer zu träumen aufhört, kann auch zu leben aufhören. Ich will leben, lass' mich weiter träumen!

IRINA PILAWA: Deine Kindheit war alles andere als traumhaft. War da überhaupt Platz für große Träume?

HORST OPASCHOWSKI: Ich bin ein Kriegs-, Krisen- und Waisenkind. In meiner Kindheit hieß es: »Hunger ist Einbildung.« Das hat mir geholfen, zu leben und zu überleben. Viel größer aber war mein Lebens- und Beziehungshunger, insbesondere mein Traum von der eigenen Familie. Gott sei Dank – der Traum ist Wirklichkeit geworden. Ich bin jetzt fast fünfzig Jahre verheiratet, stolz auf Euch zwei Kinder, Alexander und Dich. Und das Leben geht weiter. Die fünf Enkelkinder im Alter von fünf bis zwanzig Jahren machen einfach Lust auf Zukunft. Was bleibt mir noch zu träumen übrig? Ich hatte in meiner Jugend weder Geld noch Gelegenheiten, ein Musikinstrument spielen zu lernen. Und jetzt? Jetzt würde ich eher die Bildhauerei bevorzugen.

IRINA PILAWA: Dir ist sicher bewusst, dass Du ein ziemlich privilegierter Senior bist. Wenn man davon ausgeht, dass in 15 Jahren wahrscheinlich 1/3 der Rentner von Hartz IV leben muss, dann klingt das Versprechen »wie wir gut und lange leben« für manche Leser wahrscheinlich wie blanker Hohn.

HORST OPASCHOWSKI: Nur auf den ersten Blick. Privilegiert bin nicht nur ich, sondern die überwiegende Mehrheit der Rentnergeneration heute. Sie kann gut und sicher leben. Das wird auch in den nächsten fünf bis zehn Jahren so bleiben. Ganz anders sieht es bei den nächsten Generationen aus, denen zwischen 2030 und 2060 Altersarmut auf Hartz-IV-Niveau droht. Das ist mittlerweile auch in der Politik angekommen und als Wahlkampfthema für die Bundestagswahl 2017 entdeckt worden.

IRINA PILAWA: Wie soll jemand positiv in die Zukunft blicken, wenn im Alter die Existenzängste nicht aufhören, oder vielleicht sogar erst anfangen!

HORST OPASCHOWSKI: Ganz ehrlich, Irina. Wer positiv in die Zukunft blicken will, darf nicht schon dreißig Jahre vorher über mögliche Existenzängste jammern und sich bemitleiden. Im Übrigen: Existenzangst ist doch nicht nur eine Geldfrage ...

IRINA PILAWA: ... wirst Du jetzt nicht zynisch?

HORST OPASCHOWSKI: Ganz und gar nicht. Warum habe ich denn dieses Buch geschrieben? Und warum hast Du Dich als Mitautorin so vehement eingemischt? Weil Geld nicht alles ist und Glück, Gesundheit und soziale Geborgenheit genauso wichtig sind. Was hat man schon von einem schönen Penthouse am Starnberger See, wenn keiner kommt und einen im hohen Alter besucht?

IRINA PILAWA: 1970 hast Du verkündet: »Trau keinem über 30.« War das richtig? Musst Du nicht Deine Geschichte der Generationen neu schreiben?

HORST OPASCHOWSKI: Natürlich nicht. Seither ist doch ein halbes Jahrhundert vergangen: 1970 ist uns heute so nah wie das Jahr 2062. In einem solchen langen Zeitraum kann der demografische Wandel geradezu auf den Kopf gestellt werden. Vielleicht werde ich bald verkünden müssen »Trau' keinem unter 50«, weil die über 14-Jährigen zur Minderheit und die über 49-Jährigen politisch dominant und auch zur wichtigsten werberelevanten Bevölkerungsgruppe werden.

IRINA PILAWA: Du weißt, ich beschäftige mich viel mit der nächsten Generation. Bei allem Zukunftsoptimismus: Muss uns nicht ein wenig bange werden angesichts einer heranwachsenden Generation, die nur auf den ersten Blick ständig in Bewegung ist, aber vielleicht nirgendwo ankommt, weil sie ihre Wurzeln zu verlieren droht? Ratlos? Perspektivlos? Bindungslos?

HORST OPASCHOWSKI: Die nächste Generation hat die Balance von Fort-Schritt und Still-Stand noch nicht gefunden. Sich längerfristig »binden« empfinden manche Jugendliche schon als Rückschritt. Hier sind Eltern, Lehrer und Erzieher gefordert, die Kinder zu dauerhaften Bindungen zu ermutigen.

Da es aber mittlerweile durch die Krippen- und Kita-Betreuung weniger feste Bindungen an familiäre Personen gibt, stellt sich schon die Frage: Bekommt die Bindungsfähigkeit der Krippen-Generation eine andere Qualität oder ist sie in Zukunft weniger stark ausgeprägt?

IRINA PILAWA: Wenn das wirklich so sein sollte, dann müssten die Franzosen doch schon seit Jahrzehnten bindungslos sein. Schließlich verschwinden da schon 4-jährige bis nachmittags in die École Maternelle.

HORST OPASCHOWSKI: Da legst Du den Finger in eine offene Wunde, von der man nicht weiß, wie man sie schließen soll. In Frankreich formieren sich gerade erste Gegenbewegungen. Die frühe Fremdbetreuung fördert sicher die Selbstständigkeit der Kinder, beeinträchtigt aber auch langfristig ihre Bindungsfähigkeit, weil sie weniger feste Bezugs- und Beziehungspersonen kennen und erfahren. Die nächste Generation wird wohl bindungsscheuer sein – in der Partnerschaft und im Freundeskreis genauso wie in Sportvereinen und Kirchengemeinden, Parteien und Gewerkschaften.

IRINA PILAWA: Warum hast Du Dich für dieses Buch ausgerechnet auf Abraham gestürzt? Ist das nicht ein bisschen arg fromm und ganz schön weit weg von der Realität?

HORST OPASCHOWSKI: Ganz und gar nicht. Abraham war und ist doch kein Engel, eher eine Symbolfigur für die Tiefe und Reife des Lebens. Wer also das Abraham-Prinzip kennenlernen will, muss erfüllt leben wollen, wobei es nicht nur um das eigene Ego, sondern auch um soziale Beziehungen geht.

IRINA PILAWA: Zwischen uns liegen 30 Jahre, also eine Generation. Fühlst Du Dich jetzt in diesem Moment eigentlich alt?

HORST OPASCHOWSKI: Den Generationsunterschied, ja, den empfinde ich schon. Aber alt? Nein. Ich bin und fühle mich wie 75, das ja. Und dazu stehe ich auch. Aber »alt« ist für mich nicht in erster Linie eine Frage des Lebensalters ...

IRINA PILAWA: ... ja, und wie definierst Du dann »alt«?

HORST OPASCHOWSKI: Alt ist man beispielsweise, wenn man nicht mehr Auto fahren kann. Das ist kein Scherz. Im übertragenen Sinne heißt dies für die meisten betroffenen Menschen, dass sie nicht mehr so mobil, vielleicht sogar hilfs- oder pflegebedürftig sind. Damit verbunden ist ein Verlust an Selbstständigkeit und Lebenslust. Um es deutlich zu sagen: Alt ist für mich primär eine Frage der Lebenshaltung. Nicht von ungefähr wirken manche Menschen schon im mittleren Lebensalter alt, weil sie frühzeitig resignieren, keine Ziele im Leben haben und auch nichts mehr ändern wollen.

IRINA PILAWA: Bald gibt's selbstfahrende Autos. Dann hat sich Deine Definition überlebt.

HORST OPASCHOWSKI: Nicht unbedingt. Wer ohne Hilfe ein- und aussteigen und das Fahrzeug selbstständig unter Kontrolle halten kann, beweist doch physische und geistige Beweglichkeit, Lebenselan und nicht Lebensverdruss.

IRINA PILAWA: Bekommen wir bald japanische Verhältnisse? Die Zahl der hundertjährigen Japaner hat sich in den letzten fünfzig Jahren vervierhundertfacht.

HORST OPASCHOWSKI: Wir sind auf dem besten Weg dorthin. Die Zahl der Hundertjährigen verdoppelt sich etwa alle zwanzig Jahre. Wer demnächst in Deutschland hundert Jahre alt wird, bekommt keine Urkunde vom Bundespräsidenten mehr ...

IRINA PILAWA: ... vielleicht auch, weil der Bundespräsident dann selber schon 100 ist. Werden nicht jetzt schon viele Entscheidungen nur noch für die wachsende Zahl von älteren Leuten getroffen, die sich für langfristige Ziele und Probleme gar nicht mehr interessieren?

HORST OPASCHOWSKI: Mit der alternden Bevölkerung altern auch die politischen Entscheidungsträger, die immer öfter als Interessenanwälte für »ihre« Generation agieren und für soziale Ungleichgewichte sorgen. Im Interesse der Generationengerechtigkeit bräuchten wir ein neues »Ministerium für Generationenbeziehungen«, das auch Kindern und Jugendlichen mehr zu ihrem Recht verhilft.

IRINA PILAWA: Politik in allen Ehren. Aber: Ist die steigende Lebenserwartung nicht nur so lange schön, wie man die Trostlosigkeit eines Lebens im Altersheim ausblendet?

HORST OPASCHOWSKI: Du hast recht: Regelmäßiges Essen, ordentliche Unterbringung und gute ärztliche Versorgung sind für mich jedenfalls nicht Gründe genug, die letzten Jahre des Lebens in einem Heim zu verbringen. Kommunikation und soziale Beziehungen dürfen nicht auf der Strecke bleiben.

IRINA PILAWA: Was findest Du im Alter besser als in der Jugend?

HORST OPASCHOWSKI: Ich habe meine Kindheit und frühe Jugend als »Heimkind« in Armut und Einsamkeit erlebt. Da konnte ich später nur gewinnen. Aber auch unabhängig davon: Im Alter kann ich mir den Luxus der Gelassenheit leisten, das Erlebte und Erarbeitete genießen und muss nicht immer nur darauf hoffen, dass es eines Tages besser wird. Und: Wir sind Millionäre an Zeit und können auch Millionäre an Beziehungen sein. Für mich gilt mit zunehmendem Alter: »Es ist eine Lust zu leben!« Und die Lust ist umso größer, je weniger Sorgen und Beschwerden – ob gesundheitlich, sozial oder finanziell – es im Leben gibt.

IRINA PILAWA: Womit wir wieder beim Thema Altersarmut wären. Aber wenn wir die mal ausklammern: Was ist für Dich ein erfülltes Leben?

HORST OPASCHOWSKI: Für mich ist die Frage schnell beantwortet: Ein Job. Eine Familie. Ein Ehrenamt. Sinnerfüllung im Beruf, Geborgenheit in der Familie sowie Lebensfreude und Lebensfreunde durch soziale Beziehungen und soziales Engagement. Leben mit Ich-Stärke und Wir-Gefühl, das macht für mich sinn-erfülltes Leben aus. Ich glaube: Nur ein starkes Ich »im Wir« hält in diesen unsicheren Zeiten unsere Gesellschaft zusammen und garantiert auch eine lebenswerte Gesellschaft für die nächste Generation.

IRINA PILAWA: Vom Kriegsflüchtling zum erfüllten Leben. Überrascht es Dich nicht selber manchmal, dass das in Deinem Fall so gut hingehauen hat?

HORST OPASCHOWSKI: Nein, überhaupt nicht. Ganz im Gegenteil: Ich konnte nur gewinnen, weil ich ein »Leben nahe Null« gelebt habe. Hingegen bist Du in den Wohlstandszeiten der achtziger und neunziger Jahre aufgewachsen – inmitten von Wohlstandskonsum und Erlebnisgesellschaft. Shopping, Kino, Essengehen – alles war und ist für Dich da. Für die Rolle des Verlierers bist Du schlecht gerüstet. Du weißt doch gar nicht, was Notzeiten und ›eiserne Rationen‹ sind.

IRINA PILAWA: Danke für die Aufmunterung! Ich spiel den Ball mal zurück: Hast Du mich dann nicht falsch auf das Leben vorbereitet?

HORST OPASCHOWSKI: Ich hoffe nicht. Kein Vater wünscht sich Notzeiten für seine Kinder. Ich meine natürlich nicht nur Dich, sondern Deine ganze Generation, die eine ›fast wunschlos glückliche‹ Jugendzeit erlebt hat und jetzt in diesen unsicheren Zeiten Angst vor Wohlstandsverlusten, insbesondere vor drohender Altersarmut haben muss. Ihr geht einer unsicheren Zukunft entgegen, habt ziemlich beste Jahre hinter euch und harte Jahrzehnte vor Euch ...

IRINA PILAWA: Das hast Du aber mal ganz anders vorhergesagt. Ich erinnere mich an Aussagen, dass ich als Mittvierzigerin in der Mitte des Lebens geradezu eine Bestzeit vor mir habe! Wenn ich ehrlich bin, fühle ich mich manchmal eher erdrückt zwischen Kinder versorgen und Job erledigen. Eine glückliche Partnerschaft und ein ausgefülltes Familienleben will ich schließlich auch noch haben. Freundschaften wollen auch gepflegt sein. Das ist alles kaum zu machen ...

HORST OPASCHOWSKI: ... und jung, attraktiv und erfolgreich sollst du auch noch sein. Du hast Recht, eine Mammut-Aufgabe. Von meinem Versprechen »Ab 40 fängt das Leben an« und »Fourty is fabulous« werde ich wohl Abstand nehmen müssen. Ihr seid eine Generation des Übergangs, der eine goldene Work-Life-Balance versprochen wurde und die sich am Ende erschöpft, geschröpft und ausgequetscht fühlt. Trotzdem: Ich kenne Dich und Deine Freundinnen. Ihr seid einfach tough! Das meistert Ihr schon. Und das Warten auf die nachelterliche Lebensphase, in der die Kinder aus dem Haus gehen, lohnt sich auch.

IRINA PILAWA: Fangen dann nicht andere Sorgen an? Nach der Generation X und Generation Y werden meine Kinder Emmy, Juri und Nova einer neuen Generation Z wie Zukunft angehören. Werden sie nicht erst recht die Verlierer des

Rentensystems in fünfzig Jahren sein, die dreifach zur Kasse gebeten werden? Sie müssen erstens meine Altersbezüge finanzieren, zweitens die Renten der Kinderlosen bezahlen und drittens als Folge der alternden Gesellschaft doppelt so viel Rentnern den Lebensstandard sichern helfen. Nennst Du das gerecht?

HORST OPASCHOWSKI: Sicher nicht. Deine Kindergeneration wird hohe Steuern und Abgaben zahlen müssen. Und falls sie sich weigert oder unter der Last zusammenbricht, werden einfach Deine Altersbezüge gekürzt.

IRINA PILAWA: Schöne Aussichten. Das ist noch nicht alles. Meinen Kindern steht dann nur vermeintlich die Welt offen. Aber was wird das für eine Offenheit sein? Birgt sie nur Chancen oder nicht auch genauso viele Risiken und Gefahren? Im wahrsten Sinn des Wortes: Die Grenzen sind offen – geopolitisch und auch psychosozial. Wie soll man sich da heimisch fühlen? Wenn Du zur nächsten Generation gehören würdest, was würdest Du dann tun?

HORST OPASCHOWSKI: Bildung, Bildung und nochmal Bildung. Und frühzeitig lernen, selbstbewusst auf eigenen Beinen zu stehen und dabei Mitgefühl, Fairness und Toleranz nicht aus den Augen zu verlieren. Eigentlich kannst Du Dir die Antwort selbst geben. Kürzlich hast Du in einem Vortrag vor Gymnasialschülern sinngemäß gesagt: Ihr seid eine neue Generation von Lebensoptimierern, die privat und beruflich die Sinnfrage neu stellt, die mental und sozial und nicht nur materiell stark sein will. »Willkommen im Leben!« hast Du der Schülerschaft zugerufen. Jetzt merke ich doch, dass Du meine Tochter bist ...

IRINA PILAWA: ... na ja, nur nicht ganz so positiv. Ich frage mich immer, warum Du als Angehöriger der Nachkriegsgeneration immer so positiv denkst. Geht es für Dich im Leben immer stetig bergauf, während es für uns als Wohlstandsgeneration subjektiv gefühlt bergab geht?

HORST OPASCHOWSKI: Nein, das sehe ich nicht so. Das Auf und Ab gehört zum Leben. Kein Grund zur Resignation. Jeden Morgen bei Sonnenaufgang zeichnet sich der nächste Silberstreif am Horizont ab. Anlässe für Zukunftsoptimismus gibt es immer. In einem stimme ich Dir natürlich zu: Die ältere Generation scheint derzeit wie auf einer rosa Wolke davon zu schweben und die nachkommende Generation mit ihren offenen Fragen allein zu lassen. Die Alten leben zwar nicht auf Kosten der Jungen, aber sie machen sich zu wenig Gedanken über das, was sie der nachfolgenden Generation hinterlassen. Dafür fühlen sie sich nicht verantwortlich, ja reichen die Verantwortung einfach weiter – wie einen Wanderpokal an die Politik, die Wirtschaft oder die Medien. Am Ende müssen es die eigenen erwachsenen Kinder ausbaden und sich auch noch die Kritik als ›Helikopter-Eltern‹ gefallen lassen.

IRINA PILAWA: Ich weiß ja, dass Du immer und jedem raten würdest, eine Familie zu gründen. Aber was sagst Du zu Leuten, die angesichts von unsicheren Arbeitsplätzen, unsicheren Renten oder ständiger Terrorgefahr ihre Zweifel haben?

HORST OPASCHOWSKI: Familie und Kinder sind die Grundbausteine unserer Gesellschaft. Wer eine Familie gründet, investiert nachhaltig in die Zukunft – für sich und für die Gesellschaft. Hier schließe ich auch die Wahlfamilie ein. Es können beispielsweise die Kinder des Nachbarn sein, für deren Betreuung ich mich verantwortlich fühle.

IRINA PILAWA: Familie ist ja nur einer der Bausteine. Wer dieses Buch liest, der stößt auf Deine Trias ›Ein Job. Eine Familie. Ein Ehrenamt‹. Welche Rolle spielen Job und Ehrenamt?

HORST OPASCHOWSKI: Dahinter steht meine ganz persönliche Motivation: Leben ist die Lust zu schaffen! Ich ersetze Arbeitsfreude durch Schaffensfreude. Ach ja, wenn ich wirklich mal 92,3 Jahre alt werde, frage ich mich: Was kann, muss oder will ich jetzt noch tun? Der Mensch ist für mich nicht zur Untätigkeit geschaffen.

IRINA PILAWA: Und wo nimmst Du die Kraft her?

HORST OPASCHOWSKI: Das frage ich mich manchmal auch. Meine wichtigste Kraftquelle ist wohl Deine Mutter. Wie sagen Freunde immer: »Was wärst Du wohl ohne Deine Elke.« In der Tat. Mit ihr fing ich zu leben an und mit Deinem Bruder Alexander und Dir hat mein Leben eine Sinnperspektive bekommen. Wissen, wofür ich lebe. Nach zehn Jahren ›Heimkarriere‹ als Kind muss ich mir wohl das familiäre Glück verdient haben. Im Ernst: Ich bin auch ein Pflichtmensch und empfinde als Wissenschaftler und Wissensträger so etwas wie eine Bringschuld. Erworbenes Wissen will und muss ich weitergeben, um etwas zu bewegen und zu verändern. Das ist meine Antriebsfeder: Es soll uns heute gut und morgen möglichst besser gehen. Das ist eine Lebensaufgabe und nicht nur ein Job auf Zeit.

IRINA PILAWA: Wenn du so zurückblickst: Gab es in Deinem Leben auch so etwas wie ein Hamsterrad, Burnout und Zukunftsängste?

HORST OPASCHOWSKI: Das halbe Leben war und ist ein Hamsterrad. Oft fühle ich mich wie ein Sisyphos, der täglich einen schweren Stein nach oben schleppt. Und kaum drehe ich mich um, rollt der Stein wieder hinunter – vor allem im Umgang mit der Politik. Aber dann halte ich mich an Albert Camus und stelle mir Sisyphos als einen glücklichen Menschen vor ...

IRINA PILAWA: ... und was ist mit Burnout?

HORST OPASCHOWSKI: Tatsächlich, im besten Alter, in Deinem Alter, hatte ich oft das Gefühl der Überforderung und fragte mich: Wie lange hältst Du das noch durch? Als Mittvierziger meinte ich einmal zu einem Universitätskollegen: Am liebsten wäre ich schon zehn oder zwanzig Jahre älter. Dann wäre ein Ende der Stressrallye in Sicht.

IRINA PILAWA: Kennst Du Zukunftsängste?

HORST OPASCHOWSKI: Am Anfang meines Berufslebens waren solche existentiellen Ängste fast Normalität: Die Familie gegründet, das Konto überzogen und die engen zeitlichen Befristungen der Anstellung als Wissenschaftlicher Assistent im Nacken. Nichts erschien mehr sicher. Und doch hielten sich die Ängste in Grenzen. Denn das wichtigste Kapital und die wichtigste Währung waren der Rückhalt der Familie. Die Familie ist auch und gerade in Krisenzeiten die beste Lebensversicherung.

IRINA PILAWA: Bei uns zuhause war doch die Rollenverteilung eindeutig zementiert: Als wir zwei Kinder kamen, war bald klar, dass Du weiter arbeitest und Mama zuhause bleibt. In der Hinsicht bist Du dann wohl doch ein Dinosaurier!

HORST OPASCHOWSKI: Ganz so einfach ist es nicht. Deine Mutter war Bundesbeamtin auf Lebenszeit – und hat mich studieren lassen! Nach der Geburt Deines Bruders Alexander und Dir ist sie vorübergehend aus ihrem Hauptberuf ausgestiegen und in die Kinderbetreuung und in die Unterstützung meiner Forschungsarbeit mit eingestiegen. Es war eine Güterabwägung, die wir gemeinsam so entschieden hatten. In der nächsten Generation der Doppelerwerbstätigkeit von Frau und Mann stehen ganz andere Entscheidungen an. Das Leben wird nicht leichter. Auch Töchtern wird man raten müssen, im Leben ›ihren Mann zu stehen‹ und sich dabei nicht selbst und die Familie zu vergessen. Die Ehe als Lebensgemeinschaft muss sicher neu definiert werden ...

IRINA PILAWA: ... weil es in Zukunft keine Goldenen Hochzeiten mehr gibt? Sind goldene Hochzeiten überhaupt noch erstrebenswert?

HORST OPASCHOWSKI: Der Mensch ist ein soziales Wesen und nicht zum Alleinsein geboren. Vor dem Hintergrund zunehmender Langlebigkeit sind beständige Beziehungen, die gepflegt werden, geradezu ein Segen für das eigene Wohlergehen. Das muss keine Goldene Hochzeit mehr sein. Vielleicht gehört dann Partnerwechsel zum Alltag im höheren Lebensalter. Die Angst vor dem Alleinsein und der Vereinsamung im Alter ist groß und wächst stetig. Über Wohn-, Haus- und Lebensgemeinschaften muss neu nachgedacht werden.

IRINA PILAWA: Du prognostizierst in der Tendenz eine weitgehend alterslose Gesellschaft. Alter wird durch Langlebigkeit ersetzt. Ist eine Welt ohne Alterung nicht eine gefährliche Utopie?

HORST OPASCHOWSKI: Nur dann, wenn die Lebensverlängerung zum Garanten für Frust, Langeweile und Einsamkeit wird. Dann wird das biologische Altern zeitlich nur hinausgeschoben – um den Preis von chronischer Sinnleere. »Abrahamitisch leben« heißt doch für mich, gleichermaßen gut und lange leben.

IRINA PILAWA: Fühlst Du Dich eigentlich als Missionar?

HORST OPASCHOWSKI: Das nicht gerade. Aber eine »Mission Zukunft« empfinde ich schon.

IRINA PILAWA: Du hast einmal die Vereinbarkeit von Beruf und Familie als Legende und modernes Märchen bezeichnet. Wenn ich ehrlich bin: In meinem Leben ist dieses Märchen nie Wirklichkeit geworden. Und ich frag mich, ob das Leitbild von der »Neuen Frau« für meine Töchter in Zukunft nicht sogar noch mehr Druck bedeutet als für mich jetzt!

HORST OPASCHOWSKI: Zur »Neuen Frau« gehört auch der »Neue Mann«. Sonst geht gar nichts. »Gestresst, aber glücklich«, so prognostizierte und beschrieb ich vor zwanzig Jahren das künftige Lebensgefühl von Frauen. Jetzt muss ich feststellen: Die neuen Freiheiten haben die Frauen um keinen Deut glücklicher gemacht und den Zeit- und Leistungsdruck eher verstärkt. Auch ein Grund dafür, warum Familiengründungen zeitlich immer weiter hinausgeschoben werden. Dann tickt nicht nur die biologische Uhr. Auch psychosozial ist es schnell »5 vor 12«!

IRINA PILAWA: Das sind ja tolle Aussichten. Meine 15-jährige Tochter Emmy würde Dir jetzt folgende Frage stellen: Welche Welt hinterlasst »ihr Alten« eigentlich uns? Sicher, Kriege und Naturkatastrophen hat es schon immer gegeben. Nur, was kommt jetzt alles zusätzlich hinzu? Klimawandel, Umweltprobleme, Flüchtlingskrise und Terrordrohungen in einer Welt, die aus den Fugen gerät?

HORST OPASCHOWSKI: Du hast Recht. Die ältere Generation stiehlt sich weitgehend aus der Verantwortung. Sie müsste mehr in die Zukunft der nächsten Generationen investieren und mitverantworten. Stattdessen praktizieren viele eine

»Nach-mir-die-Sintflut«-Haltung und ziehen sich in das »Ich-habe-es-mir-verdient«-Schneckenhaus zurück. Das rächt sich, wenn die Alten hochaltrig werden und dann vergeblich auf die Hilfe der Jungen warten.

IRINA PILAWA: Kommen wir noch mal auf Dich ganz persönlich: Was heißt ›Glück‹ für dich?

HORST OPASCHOWSKI: Glück ist für mich wie eine Perlenkette, die sich aus lauter kleinen schönen Momenten zusammensetzt. Für mich ist Glück meist eine Momentaufnahme. Dann greife ich am liebsten zur Hand Deiner Mutter – so, als wollte ich sagen: Lass uns diesen Augenblick festhalten!

IRINA PILAWA: Wenn Du schon so viel Glück hast und für die Ewigkeit zu pachten versuchst: Auf was bist Du rückblickend am meisten stolz?

HORST OPASCHOWSKI: Nicht auf meine beruflichen Leistungen. O.k. – ich bin zeitlebens ein Fleißarbeiter gewesen und geblieben. Dafür habe ich Anerkennungen erfahren und Preise bekommen. Doch wirklich stolz bin ich nur auf meine Kinder und Enkelkinder. Mein Leben lebt symbolisch in ihnen weiter, hat Zukunft und ist nicht nur Vergangenheit. Ich lebe schon im Hier und Jetzt, habe aber auch Lust auf das Morgen. Das nenne ich erfülltes Leben!

Empirische Grundlagen der Studie »Das Abraham Prinzip«

Seit über vier Jahrzehnten erforsche ich die Generationenbeziehungen zwischen Jung und Alt.

- **1970** prognostizierte ich einen grundlegenden Wandel der Generationenstruktur in Deutschland: »Es droht die Übermacht der Jungen und die Entmachtung der Alten. Die Folge kann eine Umkehrung des Machtverhältnisses der Generationen sein. Wir sollten darauf hoffen, dass eines Tages die Jugend aufhört, Leitfigur unserer Gesellschaft zu sein«[1]. Heute, fast ein halbes Jahrhundert später, ist es so weit. Die Jugend ist zur Minderheit geworden und die alternde Gesellschaft zur Realität. »Trau keinem über 30« – ist Vergangenheit!

- **1984** kündigte ich nach einer Befragung von 450 Frührentnern und Pensionären eine neue »Generation (noch) ohne Namen« an – »die noch Erwerbsfähigen, aber nicht mehr Erwerbstätigen«. Schon in naher Zukunft würden sie »die am schnellsten wachsende Bevölkerungsgruppe« sein. Sie wird man »nicht einfach betreuen, beschäftigen oder ›verbasteln‹ können«. Diese Generation will Antworten auf die Frage haben, »wie sie ihre neue Lebensphase außerhalb von Erwerbsarbeit sinnerfüllt gestalten kann«[2]. Das traditionelle Bild vom ›Elend der alten Leute‹ werde tendenziell durch ein neues Leitbild aktiver und selbstbewusster Senioren verdrängt.

- **1998** untersuchte ich in dem Buch »Leben zwischen Muss und Muße«[3] die Lebenssituation einer neuen »Generation 65plus«. Auf der Basis einer Repräsentativbefragung von 580 Personen im Alter von über 65 Jahren kündigte ich eine »Revolution auf leisen Sohlen« an. Diese Generation 65plus zeigte sich aufgeschlossen für neue Sport-, Kultur- und Bildungsinteressen, war kaufkräftig, genussfähig und gesundheitsorientiert. Ihr Selbstbewusstsein gipfelte in der Forderung: »Schafft den Ruhestand ab!« Ruhestand sollte nicht länger ein Synonym für Stillstand sein. »Rentnerstress« war plötzlich angesagt.

- **2007** wurden schließlich 460 Ruheständler im Hinblick auf ihre Diskrepanz zwischen Traum und Wirklichkeit befragt[4]. Es handelte sich um die erste Generation der sogenannten »Postmaterialisten«, denen die Verbesserung ihrer sozialen Lebensqualität wichtiger erschien als die Steigerung des bloßen Lebensumstands. In Wirklichkeit mussten sie feststellen, dass die Rente – nicht aber das Rentenniveau – sicher war. Und vor dem Hintergrund der Diskussion um Mindestlöhne und Mindestrenten bekam plötzlich »Vorsorge« und »finanzielle Absicherung« eine existentielle Bedeutung. Geldsorgen und Zukunftsängste wurden Realität.

Die Euphorie »Hurra, wir leben immer länger!« ist nichts wert, wenn die existentielle Absicherung fehlt.

Es ist unverkennbar: Karl Marx hat sich geirrt. Er hatte vorausgesagt, dass die durchschnittliche Lebensdauer mit weiterer Industrialisierung zurückgehen werde. Ganz anders ist es gekommen: Die Lebensdauer hat sich seit 1871 mehr als verdoppelt. Ein Ende der Altersexplosion ist nicht absehbar. Und immer öfter stellt sich jetzt die Frage: Wie können wir den zusätzlichen Lebensjahren mehr Sinn im Leben (und nicht nur dem Leben immer mehr Jahre) geben?

Dies war und ist die Ausgangssituation für die vorliegende Buchveröffentlichung. Auch sie ist empirisch abgesichert und stützt sich auf eine Repräsentativbefragung von 1.000 Personen 2016 in Deutschland. Dabei ging es zentral um die Sinnfrage »Lange leben – wofür?« In der Umfrage sollten die Bürger selbst die Antworten auf die Sinnfrage eines langen Lebens finden und sich prioritär entscheiden, was ihnen im Alter wirklich wichtig erscheint. Konkret:

Was macht ein gutes Leben im Alter aus? Geist? Geld? Gesundheit? Freunde? Familie? Oder am liebsten: »Alles«?

Repräsentativ habe ich durch das Ipsos-Institut vom 14. bis 20. März 2016 1.000 Personen ab 14 Jahren in Deutschland folgende Frage gestellt:

»Die Lebenserwartung nimmt zu. Wir leben immer länger. Welche Lebensbedingungen müssen Ihrer Meinung nach erfüllt sein, damit es sich für Sie persönlich auch lohnt, so lange zu leben?«

Das sind die wichtigsten Wünsche der Deutschen bei weiter steigender Lebenserwartung:
81%: Geistig fit sein
81%: Kein Pflegefall sein
79%: Gesund sein
76%: Körperlich beweglich sein

75%: Finanziell abgesichert sein
59%: Nicht einsam sein
57%: Sorgenfrei leben können
56%: Nicht allein sein
52%: Enger Zusammenhalt in der Familie
46%: Verlässlicher Freundeskreis
42%: Gebraucht werden
37%: Für andere wichtig bleiben
33%: Unternehmungslustig sein
29%: Hilfsbereite Nachbarn haben
23%: Weiter arbeiten können

Die Deutschen wissen die immer höhere Lebenserwartung sehr zu schätzen, knüpfen ihre Erwartungen allerdings an Qualitätsbedingungen des Lebens. 81 Prozent der Bevölkerung nennen »geistig fit sein« als wichtigste Voraussetzung für ein langes Leben. Die geistige Fitness im hohen Alter wird bedeutsamer eingeschätzt als etwa die körperliche Beweglichkeit (76%) oder die finanzielle Absicherung (75%). Dabei sorgen sich die Männer deutlich mehr um die Erhaltung ihrer geistigen Fitness (84%) als die Frauen (77%). Bei beiden dominiert die Angst, im Alter nicht mehr selbstbestimmt leben zu können oder gar zum »Pflegefall« zu werden (Frauen: 80% - Männer: 82%).

Auf dem Weg in eine langlebige Gesellschaft ändern sich die Prioritäten des Lebens: an Jahren älter werden, im Kopf jung bleiben. Dies entspricht am ehesten den Wunschvorstellungen der Bevölkerung. Drei Viertel der Deutschen wollen zudem nicht nur gesund (79%), sondern auch finanziell abgesichert sein (75%). Über die finanzielle Absicherung machen sich vor allem die Selbstständigen und Freien Berufe, die keiner Sozialversicherungspflicht unterliegen, große Sorgen (81%). Aber von ihnen wie auch von der übrigen Bevölkerung wird Zukunftsvorsorge nicht mehr nur als Geldthema verstanden. Beim Gedanken an ein langes Leben rückt das persönliche und soziale Wohlergehen in den Vordergrund. Es geht um ein ganzheitliches Leben von Geist, Geld, Gesundheit und Geborgenheit.

Zusammenhalt in Familie und Freundeskreis: die soziale Basis für ein sorgenfreies Leben im Alter.

Jeder zweite Bundesbürger (52% - Selbstständige: 63%) setzt vor dem Hintergrund ständig steigender Lebenserwartung auf den Zusammenhalt der eigenen Familie. Die Ansprüche an die Lebensqualität bis ins hohe Alter lassen sich mit Arbeit, Einkommen und Vermögen nicht mehr erfüllen. Dies bekommen insbesondere Singles zu spüren. Nur vier von zehn Singles (40%) können auf die Unterstützung durch Familienangehörige hoffen. Und weil sie im hohen Alter nicht auf die Fürsorge eigener Kinder bauen können, müssen sie mehr auf einen »verlässlichen Freundeskreis« (49%) als auf die Familie (40%) setzen. Und im Notfall erhofft sich jeder vierte Single (25%) »hilfsbereite Nachbarn« in der Nähe. Für alle aber gilt: Vielfältige Investitionen in die soziale Zukunftsvorsorge lohnen sich, zumal eine deutliche Mehrheit der Bevölkerung Wert darauf legt, im Alter »nicht einsam« (59%) zu sein.

Es ist schon überraschend, dass für die Deutschen beim Gedanken an ein langes Leben mehr das persönliche Wohlsein als das finanzielle Guthaben zählt. Von der Möglichkeit, auch über die Altersgrenze hinaus weiter arbeiten zu können, wollen gut drei Viertel der Bevölkerung (77%) nichts wissen. Finanzielle Zukunftsvorsorge wird von der Mehrheit der Bevölkerung weitgehend ausgeblendet. Den meisten Deutschen geht es derzeit offensichtlich gut. Und den Glauben an die Verwirklichung des

Wahlslogans »Die Rente ist sicher« haben sie nicht verloren. Doch mit weiter steigender Lebenserwartung ist klar: Wer nach dem Jahr 2030 gut und lange leben will, wird nicht mit 63, 65 oder 67 einfach in Rente gehen können. Andernfalls ist die Rente zwar sicher, das Rentenniveau aber nicht (1985: 57,4 – 2002: 52,9 – 2016: 47,8 – Prognose für 2030: 44,5 – jeweils in Prozent des durchschnittlichen Jahresnettoeinkommens).

Auf dieses Dilemma hatte ich 2011 aufmerksam gemacht. In diesem Jahr veröffentlichte ich einen »Deutschland-Plan«, der Politik und Gesellschaft darauf hinwies, was vorrangig »getan werden muss«. Ganz obenan stand die Forderung nach der Verhinderung von Altersarmut – mit der Begründung: »Altersarmut zählt zu den größten Zukunftssorgen der Deutschen«, weil zwar die Erhaltung der Rente, »nicht aber das Rentenniveau sicher ist« und »Sozialhilfeniveau erreichen« wird. Doch was passiert, wenn weiterhin nichts passiert? Dann droht »das Ende der gesetzlichen Rentenversicherung in der bisherigen Form«[6]. Denn im Vergleich zu 1960 hat sich die Rentenbezugsdauer von zehn auf zwanzig Jahre verdoppelt. Im gleichen Maße steigen die sozialen Belastungen der Arbeitnehmerschaft: Heute finanzieren drei Beschäftigte einen Rentner. Im Jahr 2050 müssen drei Arbeitnehmer zwei, also doppelt so viele Rentner ernähren. Das werden sie nur schultern können, wenn gleichzeitig das Rentenniveau sinkt.

Die Konsequenz ist klar: Wer für sein Alter wert- und nachhaltig vorsorgen will, muss im Laufe seines Lebens drei Vorsorgeleistungen einlösen: erstens die Gesundheit durch geistige und körperliche Fitness erhalten, zweitens den Lebensstandard durch Eigentum, Vermögen und Versicherungen finanziell absichern und drittens die Lebensqualität durch Zeitwohlstand und Beziehungsreichtum verbessern. Dann »lohnt« es sich auch, nicht nur lange, sondern auch gut zu leben.

Anmerkungen

Kapitel 1
1 Lukas-Evangelium 16,22
2 Walford, R.L.: Leben über 100, München 1983

Kapitel 2
1 Walford, a.a.O., S. 199
2 Allensbach Institut für Demoskopie (Hrsg.): Nachdenken über das Älter- und Altwerden. In: Allensbacher Berichte Nr. 15 (2006), S. 5
3 Opaschowski, H.W.: Freizeit im Ruhestand (BAT Studie), Hamburg 1984, S. 42
4 Westendorp, R.: Alt werden, ohne alt zu sein. Was heute möglich ist, München 2015, S. 17
5 Westendorp, a.a.O., S. 54
6 Opaschowski, H.W.: Der Jugendkult in der Bundesrepublik, Düsseldorf 1970

Kapitel 3
1 Camus, A.: Der Mensch in der Revolte. Essays, Reinbek b. Hamburg 1997
2 Klein, St.: Der Sinn des Gebens. Warum Selbstlosigkeit in der Evolution siegt und wir mit Egoismus nicht weiterkommen, Frankfurt/M. 2010
3 Rott, Chr.: Die Chancen des demografischen Wandels (IfG/Institut für Gerontologie der Universität Heidelberg), Vortragsmanuskript Rendsburg 4. Juni 2015
4 Opaschowski, a.a.O., 1984, S. 6 und 34
5 Opaschowski, H.W.: Leben zwischen Muss und Muße. Die ältere Generation: Gestern. Heute. Morgen, Hamburg/Frankfurt 1998, S. 34 und 48
6 Novotny, R.: Generation Gibtsnicht (Vermächtnis-Studie Zeit/infas/Wissenschaftszentrum Berlin). In: Die Zeit Nr. 11 vom 03. März 2016, S. 65f.

Kapitel 4
1. Walford, a.a.O., S. 116
2. Borscheid, P.: Vom verdienten zum erzwungenen Ruhestand. In: FFES 1996, S. 29
3. Bloch, E.: Das Prinzip Hoffnung (1. bis 3. Teil), Frankfurt/M. 1959
4. Lehr, U.: Subjektiver und objektiver Gesundheitszustand im Lichte von Längsschnittstudien. In: Medizin, Mensch und Gesellschaft 7 (1982), S. 24 ff.
5. Vester, F.: Alter und Einsamkeit. In: Ders.: Phänomen Stress, München 1978, S. 322
6. Havighurst, R.J.: Successful aging. In: The Gerontologist 1 (1961), S. 4 ff.
7. Thomae, H./H. E. Kranzhoff: Erlebte Unveränderlichkeit von gesundheitlicher und ökonomischer Belastung. In: Zeitschrift für Gerontologie 12 (1979)
8. Kohli, M.: Altern in soziologischer Perspektive. In: P.B. Baltes/J. Mittelstrass (Hrsg.): Zukunft des Alterns und gesellschaftliche Entwicklung, Berlin-New York 1992, S. 254
9. Kohli, M.: New patterns of transitions to retirement in West Germany (International Exchange Center of Gerontology), Tampa 1988, S. 15
10. Enquête-Kommission des Deutschen Bundestags: »Demographischer Wandel – Herausforderungen unserer älter werdenden Gesellschaft an den Einzelnen und die Politik« (Schlussbericht), Berlin: Drucksache 14/8800 vom 28. März 2002
11. Kohli, M. (u.a.): Generationenbeziehungen. In: M. Kohli/H. Künemund (Hrsg.): Die zweite Lebenshälfte, Opladen 2000, S. 13
12. Westendorp, a.a.O., S. 221
13. Levy, B.R. (u.a.): Longevity Increased by Positive Self-Perceptions of Aging. In: Journal of Personality and Social Psychology, 83/2 (2002), p. 261-270

Kapitel 5
1. Opaschowski, H. W.: Wie leben wir nach dem Jahr 2000? Szenarien über die Zukunft von Arbeit und Freizeit (BAT Projektstudie zur Freizeitforschung), Hamburg 1987, S. 40
2. Key, E.: Das Jahrhundert des Kindes, Berlin 1902, S. 113
3. Straubhaar, Th.: Der Untergang ist abgesagt, Hamburg 2016, S. 57

Kapitel 6

1. Westendorp, a.a.O., S. 201
2. Meisner, J.: Der Kirche ist das Mysterium verlorengegangen (Interview). In: Die Welt v. 5. Juli 1999, S. 6
3. Opaschowski, H.W.: Sport in der Freizeit (Bd. 8 der BAT Schriftenreihe), Hamburg 1987, S. 34
4. Beyer, S.: Die Wohlfühlwelt strengt an. In: Der Spiegel 8 (2001), S. 79
5. Statistisches Bundesamt (Hrsg.): Die Generation 65+ in Deutschland, Wiesbaden 2015
6. Westendorp, a.a.O., S. 97
7. Brockhaus: Die Enzyklopädie: Bd. 24, Leipzig/Mannheim 1999, S. 320
8. Hauser, B.: Noch immer nicht gerettet. In: FAZ vom 18. August 1984

Kapitel 7

1. Erhard, L.: Wohlstand für alle (1957), Köln 2009, S. 27
2. Sedláçek, T.: Gier ist der Anfang von allem (Interview). In: Der Spiegel Nr. 12 vom 19. März 2012, S. 114
3. Schmitz-Scherzer, R.: Pensionierung und Freizeit. In: F. Stoll (Hrsg.): Kindlers ›Psychologie des 20. Jahrhunderts‹ (Arbeit und Beruf, Band 2), Weinheim-Basel 1983, S. 567
4. Friedmann, P./S. Weimar: Arbeitnehmer zwischen Erwerbstätigkeit und Ruhestand, Frankfurt/M.-New York 1982, S. 396
5. Opaschowski, H. W.: Freie Zeit ist Bürgerrecht. Plädoyer für eine Neubewertung von »Arbeit« und »Freizeit«. In: Aus Politik und Zeitgeschichte (Beilage zur Wochenzeitung Das Parlament B 40/74), Bonn 5. Okt. 1974, S. 32

Kapitel 8

1. Kohli, M. (u.a.): Generationenbeziehungen. In: M. Kohli/H. Künemund (Hrsg.): Die zweite Lebenshälfte, Opladen 2000, S. 186

Kapitel 9

1. Miegel, M.: Epochenwende. Gewinnt der Westen die Zukunft?, Berlin 2005

Kapitel 10
1. Wallis, V.: Zwei alte Frauen. Eine Legende, Zürich 1993
2. Grimm, Brüder: Kinder- und Hausmärchen (1857), Stuttgart 2002
3. Ganßmann, H.: Der Großvater, sein Enkel und die Rentenreform. In: G. Burkart/J. Wolf (Hrsg.): Lebenszeiten, Opladen 2002, S. 285
4. Ganßmann, a.a.O., S. 276
5. Ehmer, J.: Sozialgeschichte des Alters, Frankfurt/M. 1990, S. 90
6. Lepenies, A.: So alt wie das Jahrhundert. In: Dies.(Hrsg.): Alt & Jung. Das Abenteuer der Generationen, Frankfurt/M. 1997, S. 85
7. Bengtson, V.L./Y. Schütze: Altern und Generationenbeziehungen: Aussichten für das kommende Jahrhundert. In: P.B. Baltes/J. Mittelstraß (Hrsg.): Zukunft des Alterns und gesellschaftliche Entwicklung, Berlin-New York 1992, S. 492-517
8. Bengtson, V.L. (u.a.): Age group relationships: In: K. Pillemer/K. McCartney (Hrsg.): Parent child relations across the lifespan, New York 1991, p. 253-278
9. Bertram, H.: Die verborgenen familiären Beziehungen in Deutschland: Die multilokale Mehrgenerationenfamilie. In: M. Kohli/M. Szydlik (Hrsg.): Generationen in Familie und Gesellschaft, Opladen 2000, S. 116
10. Kohli, M./H. Künemund (Hrsg.): Die zweite Lebenshälfte. Gesellschaftliche Lage und Partizipation im Spiegel des Alters-Survey, Opladen 2000
11. Wippermann, P.: Die Erwärmung der Seelen. In: Welt am Sonntag Nr. 44 vom 2. November 2003, S. 13
12. Gronemeyer, R.: Die Entfernung vom Wolfsrudel. Über den drohenden Krieg der Jungen gegen die Alten, 6. Aufl., Frankfurt/Main 1997, S. 7
13. Hondrich, K.O./C. Koch-Arzberger: Solidarität in der modernen Gesellschaft, Frankfurt/M. 1992

Kapitel 11
1. Maron, M.: Ach Glück (Roman), Frankfurt/M. 2007
2. Ipsos/Opaschowski: Nationaler WohlstandsIndex für Deutschland (NAWI-D), Hamburg 2016

Kapitel 12
1 Key, E.: Das Jahrhundert des Kindes, Berlin 1902
2 Cube, F. von: Lust an Leistung. Die Naturgesetze der Führung, 6. Aufl., München 2000
3 Ernst, H.: Psychotrends. Das Ich im 21. Jahrhundert, München-Zürich 1996

Kapitel 13
1 Handy, Ch.: Die anständige Gesellschaft (»The Hungry Spirit. Beyond Capitalism – The Quest for Purpose in the Modern World«, 1997), München 1998, S. 77f.
2 Statistisches Bundesamt (Hrsg.): Die Generation 65+ in Deutschland, Wiesbaden 2015

Kapitel 14
1 Statistisches Bundesamt (Hrsg.): Die Generation 65+ in Deutschland, Wiesbaden 2015
2 Scheidt, J.v./R. Zenhäusern: Alleinsein als Chance. Wege aus der Einsamkeit, München 1990
3 Elbing, E.: Einsamkeit. Psychologische Konzepte, Göttingen 1991

Kapitel 15
1 Putnam, R.D.: Bowling Alone: Collapse and Revival of American Community, New York 2000
2 Allman, J.: Parenting and survival in anthropoid primates: Caretakers live longer. In: Proceedings of the National Academy of Sciences of the United States of America 95 Nr. 12 (1998), S. 6866-6869
3 Klein, St.: Der Sinn des Gebens. Warum Selbstlosigkeit in der Evolution siegt und wir mit Egoismus nicht weiterkommen, Frankfurt/M. 2010
4 MAGS/Ministerium für Arbeit, Gesundheit und Soziales des Landes Nordrhein-Westfalen (Hrsg.): Indikatorengestütztes Planungsmodell zur Pflegeinfrastruktur, Düsseldorf 1998
5 Vascovics, L.A. (u.a.): Älterwerden als Single (ifb-Forschungsbericht Nr. 4/Universität Bamberg), Bamberg 2000
6 Haug, W.: Das St.-Katharinen-Hospital der Reichsstadt Esslingen, Esslingen 1965
7 Borscheid, P.: Geschichte des Alters, Münster 1987, S. 83

8   Stark, Th.: Die christliche Wohltätigkeit im Mittelalter und in der Reformationszeit in den oberschwäbischen Reichsstädten, Diss. Erlangen 1926
9   Klages, H.: Individualisierung als Triebkraft bürgerschaftlichen Engagements. In: E. Kistler (u.a.): Perspektiven gesellschaftlichen Zusammenhalts, Berlin 1999, S. 101-112
10 BUND/Misereor (Hrsg.): Zukunftsfähiges Deutschland. Ein Beitrag zu einer global nachhaltigen Entwicklung, Basel-Boston-Berlin 1996, S. 278

Kapitel 16
1   Walford, a.a.O., S. 221
2   Allensbach/Generali (Hrsg.): Generali Altersstudie 2013, Frankfurt/M. 2012

Kapitel 17
1   Otto, U.: Seniorengenossenschaften. Modell für eine neue Wohlfahrtspolitik?, Opladen 1995
2   Zwickel, K.: Neue Wege in der Arbeitspolitik. In: D. Schulte (Hrsg.): Arbeit der Zukunft, Köln 1996, S. 186
3   Wilke, G.: Die Zukunft unserer Arbeit. Frankfurt/M.-New York 1999, S. 218
4   Mückenberger, U.: Arbeitnehmer: Bürger im Betrieb. In: D. Schulte (Hrsg.): Arbeit der Zukunft, Köln 1996, S. 210
5   Lutz, Chr.: Leben und arbeiten in der Zukunft, München 1995

Kapitel 18
1   Huntington, S.P.: Der Kampf der Kulturen (»The clash of civilizations«, 1996), München-Wien 1996, S. 500
2   Handy, Ch.: Die anständige Gesellschaft (»The Hungry Spirit. Beyond Capitalism - The Quest for Purpose in the Modern World«, 1997), München 1998, S. 22
3   Schulze, G.: Die Erlebnisgesellschaft. Kultursoziologie der Gegenwart, Frankfurt/M.-New York 1992
4   Bund/Misereor (Hrsg.): Zukunftsfähiges Deutschland. Ein Beitrag zu einer global nachhaltigen Entwicklung, Basel – Boston – Berlin 1996, S. 221

Kapitel 19

1 Inglehart, R.: The Silent Revolution, Princeton 1977
2 Glatzer, W.: Lebenszufriedenheit und alternative Maße subjektiven Wohlbefindens. In: W. Glatzer/W. Zapf (Hrsg.): Lebensqualität in der Bundesrepublik, Frankfurt am Main/New York 1984
3 Schulze, G.: Die Erlebnisgesellschaft. Kultursoziologie der Gegenwart, Frankfurt/M.-New York 1992
4 Zemann, P.: Vom Alltag des Älterwerdens. In: Deutsches Zentrum für Altersfragen (Hrsg.): Alltag in der Seniorenfreizeitstätte, Berlin 1983, S. 196
5 Der Spiegel vom 15. April 2002, S. 199
6 Ipsos/Opaschowski: Nationaler WohlstandsIndex für Deutschland (NAWI-D), Hamburg 2016

Empirische Grundlagen der Studie »Das Abraham-Prinzip«

1 Opaschowski, H.W.: Der Jugendkult in der Bundesrepublik, Düsseldorf 1970
2 Opaschowski, H.W.: Freizeit im Ruhestand (BAT Studie), Hamburg 1984
3 Opaschowski, H.W.: Leben zwischen Muss und Muße. Die ältere Generation: Gestern. Heute. Morgen, Hamburg/Frankfurt 1998
4 Opaschowski, H.W./U. Reinhardt: Altersträume. Illusion und Wirklichkeit, Darmstadt 2007
5 Opaschowski, H.W.: Der Deutschland-Plan. Was in Politik und Gesellschaft getan werden muss, Gütersloh 2011
6 Opaschowski, H.W.: Repräsentativumfrage »Gut und lange leben« vom 14. bis 20. März 2016

Stichwortverzeichnis

A

Abraham 8ff., 19, 28, 162, 171
Abraham-Prinzip 10f., 19, 162
Abrahams Schoß 10f.
Alter, gefühltes 32, 36
Alternsforschung 15, 17, 57, 61, 109
Altersarmut 43, 54, 87f., 96, 160, 165f., 179
Altersgrenze 30, 32, 37, 57f., 96, 178
Altersheim 45, 101f., 104, 119, 164
Altersträume 32, 47
Alters-Versicherungs-Grenze 57
Altersversorgung 30, 54, 118
Älterwerden 14, 31, 39, 79, 86, 88, 127, 132, 154, 158
Angst 14, 15f., 27, 32, 39, 42, 54, 88, 103, 107, 148, 160, 166, 169, 170f., 175, 177
Arbeitsbelastung 84
Arbeitsleben 18, 83, 91, 94f.
Arbeitsstress 46
Armutsrisiko 55, 60, 88, 133

B

Best Ager 86, 94, 143
Beständigkeit 60, 63, 73, 95, 144
Beziehungsarbeit 64
Beziehungsreichtum 59, 179

C

Centenarians 15, 17

D

Daseinsvorsorge 37, 56
Denken, positives 34, 130

E

Ehrenamt 33, 43, 68, 114, 117, 120f., 132, 140, 152, 165, 169
Einsamkeit 35, 107ff., 164, 171
Engagement 97f., 109, 114, 120f., 125, 134, 140, 142, 165
Erwerbsarbeit 33f., 62, 97, 114, 132, 174
Existenzängste 42, 160

F

Familie 11, 17, 21, 24, 30, 43, 47, 56, 59ff., 65ff., 74ff., 80, 85, 91, 97, 100ff., 116ff., 120, 126, 134, 137ff., 141, 144, 153ff., 159, 165, 168ff., 176ff.
Familienarbeit 62, 120
Familienbeziehungen 63, 79
Fitness 39ff., 44, 46, 177, 179
Flexi-Rente 57, 96

Freiheit 11, 18, 42, 60, 83f., 87ff., 128, 135, 139, 148, 153, 172
Fremdbestimmung 92, 129
Freunde 11, 21, 24, 29, 33f., 43, 47, 51f., 56, 59, 62, 65ff., 77, 79, 83, 86, 97, 101, 109, 120, 125f., 137, 139, 141, 153, 155, 162, 165, 169, 176ff.,

G

Geld 42, 48ff., 54ff., 60, 62f., 75ff., 81, 86, 88, 96, 102, 106, 134, 136, 138, 140ff., 150ff., 160f., 175f., 178,
Gemeinsinn 61, 81, 111, 113, 121, 154,
Generationenbeziehungen 8, 61, 63, 75ff., 80, 164, 174
Generationenvertrag 54, 75, 77, 81, 118
Generation Superior 82, 85, 87ff., 142ff.
Geriatrisierung 150
Gesellschaft, alterslose 28, 171
Gesellschaft, generationslose 28
Gesellschaft, langlebige 177
Gesundheit 29, 32, 34, 39, 40, 43ff., 46ff., 50ff., 59, 72, 85, 88, 93, 103, 125ff., 139, 144, 149, 151f., 154, 158, 161, 165, 175f., 178f.
Glück 22, 29, 39, 43, 48f., 52, 71, 85, 99, 116, 137ff., 142f., 146ff., 156, 161, 166, 169, 172f.
Großeltern 23, 63, 75, 78, 94, 100

H

Hausgemeinschaft 100, 104
Hilfeleistung 68f., 79, 109, 114, 133f.
Hilfsbereitschaft 98, 110f., 113ff., 122, 134f.
Hochaltrige 34, 38, 150

J

Jugendwahn 8, 36, 95

K

Kontakt 29, 33, 42f., 47, 59, 61, 66ff., 70, 76, 79, 86f., 98, 106ff., 114, 120, 125, 141

L

Langlebigkeit 14ff., 19f., 22, 26f., 29, 31, 79, 122, 131, 153, 171
Leben, erfülltes 11, 14, 143, 165, 173
Lebensalter 26, 35, 37f., 42, 47, 76, 78ff., 106, 125, 142, 156, 163, 171
Lebenseinstellung 22, 38f., 102, 112, 158
Lebenserwartung 13ff., 17, 20, 24f., 27f., 30, 32, 39, 50, 61f., 78, 87, 96, 105, 112, 117, 127, 131, 164, 176ff.
Lebensfreude 19, 22, 35, 42, 148, 165

Lebenshaltung 125, 163
Lebenshunger 11
Lebenskonzept 30, 153f., 159
Lebensökonomie, private 50
Lebensplanung 20, 26, 30, 63, 107, 150f.
Lebensqualität 14, 16, 19f., 30, 32, 34f., 39, 45, 50ff., 55, 66, 69, 75, 77, 81, 88, 106, 115f., 131, 136ff., 142ff., 152f., 154f., 175, 178f.
lebenssatt 11, 19
Lebenssinn 62, 97, 142, 155
Lebensstandard 49, 51, 55, 77, 96, 136, 142, 154, 167, 179
Lebensstil 9, 16, 26, 38, 51, 98, 107, 125, 127, 149
Lebensunternehmer 128f., 131
Lebenswille 34
Lebenszeit 20, 27, 49, 57, 76, 78, 97, 119, 170
Lebenszufriedenheit 35, 52, 125, 127
Leistungslust 97

M

Methusalem 12, 15
Muße 18, 82, 89, 142f., 175

N

Nachbarn 65ff., 75, 79, 125, 134, 155, 168, 177f.
Nachbarschaftshilfe 50, 65, 68, 99, 115
NAWI-D 153

O

Optimismus 22, 38, 73, 161, 168

P

Partnerbeziehungen 63, 76
Pensionierungsgrenze 57
Pflege 23f., 27, 31, 34, 43, 51, 59, 66f., 76, 93, 103f., 117f., 132, 139, , 176f.
Pflegebedürftige 27, 102f., 114, 132, 149, 163

R

Rente 56ff., 62, 77, 81, 87, 95ff., 118, 149, 167ff., 175, 179
Ruhestand 16, 25f., 37, 54, 56ff., 63, 83ff., 88, 89, 91f., 97f. , 119, 126, 131, 143, 175

S

Sättigungspunkt 55
Selbstbestimmung 124, 128f.
Selbstwertgefühl 35, 124
Senioren 26, 37f., 40f., 43f., 80, 82ff., 88. 92, 96, 104, 142f., 174
Senioren, neue 37, 83
Sinn 7, 11, 21, 46, 52, 56, 62, 80, 89f., 116, 126, 136, 140ff., 143f., 154, 176
Sinnfrage 112, 143f., 167, 176
Sinn-Hunger 140f.

Sinn-Krisen 23
Sinnmärkte 44
Sinnzeitalter 144
Solidarität 6, 63, 68, 71, 75, 77ff., 80f. 115, 120, 122, 133f.
Solidarleistungen 81
Sorgenfrei 43, 83, 87, 136, 138, 147, 177f.
Sozialbilanz 134
Sozialhilfeanspruch 54
Sozialstaat 60, 133
Sozialsystem 120
Sozialversicherung 118, 177
Sozialvorsorge 62

U
Überalterung 15
Übermaß 55
Übersättigung 146
Uhr, innere 92

V
Verantwortung 24, 60, 65, 73, 78, 113, 121, 123, 130, 132, 134f., 168, 172
Vereinsamungsfalle 107
Verjüngungsprozess 37
Verlässlichkeit 60, 63ff., 73, 78
Vertrauen 54, 60, 78, 112f., 115f., 122, 132, 141
Vorsorgemaßnahme 67

W
Wahlverwandte 6, 65
Weiterarbeit 57
Weiterbildung 40, 51, 125
Wissensträger 94, 169
Wohlergehen 7, 48, 59, 77, 135, 13ff., 146f., 151ff., 171, 178
Wohlleben 112, 146, 151, 153
Wohlstand 48f., 55, 59, 87f., 112, 116, 125, 137ff., 140, 146, 152ff.
Wohlstandsgesellschaft 49, 153
Wohngenossenschaften 101
Wohnkonzepte 101, 103f.
Wohnwünsche 101, 104
Wohnung 21, 27, 67, 69f., 87, 100, 103ff.

Z
Zeit-Brei 89, 92
Zeitwohlstand 6, 47, 82f., 179
Zuhause sein 100
Zukunftsvorsorge 50, 106f., 139, 178
Zusammenhalt 6, 60, 64ff., 71, 78, 81, 113, 134, 141, 177f.
Zusammenhaltsgesellschaft 153
Zusammenwohnen 61

Sinn-Krisen 23
Sinnmärkte 44
Sinnzeitalter 144
Solidarität 6, 63, 68, 71, 75, 77ff., 80f. 115, 120, 122, 133f.
Solidarleistungen 81
Sorgenfrei 43, 83, 87, 136, 138, 147, 177f.
Sozialbilanz 134
Sozialhilfeanspruch 54
Sozialstaat 60, 133
Sozialsystem 120
Sozialversicherung 118, 177
Sozialvorsorge 62

U
Überalterung 15
Übermaß 55
Übersättigung 146
Uhr, innere 92

V
Verantwortung 24, 60, 65, 73, 78, 113, 121, 123, 130, 132, 134f., 168, 172
Vereinsamungsfalle 107
Verjüngungsprozess 37
Verlässlichkeit 60, 63ff., 73, 78
Vertrauen 54, 60, 78, 112f., 115f., 122, 132, 141
Vorsorgemaßnahme 67

W
Wahlverwandte 6, 65
Weiterarbeit 57
Weiterbildung 40, 51, 125
Wissensträger 94, 169
Wohlergehen 7, 48, 59, 77, 135, 13ff., 146f., 151ff., 171, 178
Wohlleben 112, 146, 151, 153
Wohlstand 48f., 55, 59, 87f., 112, 116, 125, 137ff., 140, 146, 152ff.
Wohlstandsgesellschaft 49, 153
Wohngenossenschaften 101
Wohnkonzepte 101, 103f.
Wohnwünsche 101, 104
Wohnung 21, 27, 67, 69f., 87, 100, 103ff.

Z
Zeit-Brei 89, 92
Zeitwohlstand 6, 47, 82f., 179
Zuhause sein 100
Zukunftsvorsorge 50, 106f., 139, 178
Zusammenhalt 6, 60, 64ff., 71, 78, 81, 113, 134, 141, 177f.
Zusammenhaltsgesellschaft 153
Zusammenwohnen 61

Lebenshaltung 125, 163
Lebenshunger 11
Lebenskonzept 30, 153f., 159
Lebensökonomie, private 50
Lebensplanung 20, 26, 30, 63, 107, 150f.
Lebensqualität 14, 16, 19f., 30, 32, 34f., 39, 45, 50ff., 55, 66, 69, 75, 77, 81, 88, 106, 115f., 131, 136ff., 142ff., 152f., 154f., 175, 178f.
lebenssatt 11, 19
Lebenssinn 62, 97, 142, 155
Lebensstandard 49, 51, 55, 77, 96, 136, 142, 154, 167, 179
Lebensstil 9, 16, 26, 38, 51, 98, 107, 125, 127, 149
Lebensunternehmer 128f., 131
Lebenswille 34
Lebenszeit 20, 27, 49, 57, 76, 78, 97, 119, 170
Lebenszufriedenheit 35, 52, 125, 127
Leistungslust 97

M
Methusalem 12, 15
Muße 18, 82, 89, 142f., 175

N
Nachbarn 65ff., 75, 79, 125, 134, 155, 168, 177f.
Nachbarschaftshilfe 50, 65, 68, 99, 115
NAWI-D 153

O
Optimismus 22, 38, 73, 161, 168

P
Partnerbeziehungen 63, 76
Pensionierungsgrenze 57
Pflege 23f., 27, 31, 34, 43, 51, 59, 66f., 76, 93, 103f., 117f., 132, 139, , 176f.
Pflegebedürftige 27, 102f., 114, 132, 149, 163

R
Rente 56ff., 62, 77, 81, 87, 95ff., 118, 149, 167ff., 175, 179
Ruhestand 16, 25f., 37, 54, 56ff., 63, 83ff., 88, 89, 91f., 97f. , 119, 126, 131, 143, 175

S
Sättigungspunkt 55
Selbstbestimmung 124, 128f.
Selbstwertgefühl 35, 124
Senioren 26, 37f., 40f., 43f., 80, 82ff., 88. 92, 96, 104, 142f., 174
Senioren, neue 37, 83
Sinn 7, 11, 21, 46, 52, 56, 62, 80, 89f., 116, 126, 136, 140ff., 143f., 154, 176
Sinnfrage 112, 143f., 167, 176
Sinn-Hunger 140f.

Bibliografische Information der Deutschen Nationalbibliothek

Die Deutsche Nationalbibliothek verzeichnet diese Publikation
in der Deutschen Nationalbibliografie; detaillierte bibliografische
Daten sind im Internet über https://portal.dnb.de abrufbar.

 Verlagsgruppe Random House FSC® N001967

1. Auflage
Copyright © 2016 Gütersloher Verlagshaus, Gütersloh,
in der Verlagsgruppe Random House GmbH,
Neumarkter Str. 28, 81673 München

Der Verlag weist ausdrücklich darauf hin, dass im Text enthaltene externe
Links vom Verlag nur bis zum Zeitpunkt der Buchveröffentlichung
eingesehen werden konnten. Auf spätere Veränderungen hat der Verlag
keinerlei Einfluss. Eine Haftung des Verlags ist daher ausgeschlossen.

Druck und Bindung: Friedrich Pustet GmbH & Co. KG, Regensburg
Printed in Germany
ISBN 978-3-579-08647-7

www.gtvh.de

Das Standardwerk zur gesellschaftlichen Entwicklung Deutschlands

Wie wird sich unsere Welt bis 2030 verändert haben? Fundiert, engagiert und umfassend erläutert Horst W. Opaschowski, welche Entwicklungen zu erwarten sind, und weist den Weg in die Zukunft: Wie werden wir, wie wollen wir dann leben? In dieser aktualisierten Neuausgabe arbeitet er die Entwicklungen der letzten Jahre in seine Thesen ein.

Horst W. Opaschowski
DEUTSCHLAND 2030
Wie wir in Zukunft leben
807 Seiten / mit
zahlreichen Grafiken
gebunden mit
Schutzumschlag
ISBN 978-3-579-06635-6

GÜTERSLOHER
VERLAGSHAUS

www.gtvh.de